AF389243

SAMUEL M^c HARRY

INTRODUCTION À LA FABRICATION DU WHISKY, DU GIN, DU BRANDY, DES SPIRITUEUX, ETC. DE MEILLEURE QUALITÉ, ET EN PLUS GRANDE QUANTITÉ, QUE CE QUI EST PRODUIT PAR LE MODE ACTUEL DE DISTILLATION

Table des matières

PRÉFACE.... 13

INTRODUCTION... 23

SECTION I. 29

Observations sur la levure............................. 29

Reçu pour le stock de levure. 31

*Pour savoir quand la levure est bonne ou
mauvaise.* 34

Comment renouveler la levure quand elle est acide.
.... 35

La levure de stock est bonne pendant des années.
.... 37

*Pour fabriquer la meilleure levure pour un usage
quotidien.* 39

SECTION II.... 43

Observations sur le bois pour les tonneaux......... 43

Chêne blanc. 44

Pour sucrer les tonneaux par ébouillantage. 45

Des hogsheads parfaitement doux. 45

Pour adoucir les tonneaux en les brûlant. 46

SECTION III. 49

Pour broyer le seigle en mode commun............... 49

La meilleure méthode de distillation du seigle. ... 50

*Broyer deux tiers de seigle et un tiers de maïs en
été.* 51

Distiller une moitié de seigle et une moitié de maïs. 53

Broyer un tiers de seigle et deux tiers de maïs. 56

Réduire en purée comme suit. 57

Pour écraser le maïs. 58

Pour faire quatre gallons à partir d'un boisseau. 60

Pour savoir quand le Grain est assez échaudé. ...62

Instructions pour se rafraîchir. 63

Pour savoir quand le seigle fonctionne bien dans le Hogshead. 65

Pour éviter que les têtes de cochon ne se renversent. 66

SECTION IV 67

Observations sur la qualité du seigle pour la distillation. 67

La façon de hacher le seigle et la taille appropriée. 67

Hacher ou moudre le maïs indien. 68

Malt 69

Comment choisir le malt. 69

Comment construire un four à malt dans chaque distillerie. 69

Houblon. 70

SECTION V. 73

Comment commander et remplir l'alambic Singling lors de la distillation du seigle. 73

Mode de gestion de l'alambic double lors de la fabrication du whisky. 74

Observations sur les avantages de la fabrication d'un whisky fort et de qualité à l'aide de stalles, etc. 75

Distillation du sarrasin. 80

Distillation des pommes de terre. 81

Reçu pour préparer des pommes de terre pour la distillation. 84

Pompons 85

Navets 85

Comment distiller les pommes. 86

Comment commander des Pommes dans les Hogsheads. 87

Comment travailler les pommes, lentement ou rapidement. 88

Comment juger quand les pommes sont prêtes pour la distillation. 89

Comment remplir et ordonner les singlings Still, lors des singlings d'Apple. 90

Comment doubler l'eau-de-vie de pomme. 91

Comment préparer les pêches. 91

Comment faire un double et un simple Peach Brandy. 93

SECTION VI. 93

La meilleure méthode pour régler les images fixes. 93

Comment éviter que les alambics de plâtres ne se fissurent... 97

La meilleure méthode pour faire bouillir deux, trois ou plusieurs alambics ou bouilloires avec un seul feu ou fourneau................................... 98

Pour définir un doublage Still......................... 100

Comment empêcher l'alambic de brûler............ 100

SECTION VII... 101

Comment clarifier le whisky, etc....................... 101

Comment faire un brandy ressemblant au brandy français, à partir de whisky de seigle ou de brandy de pomme... 101

Comment faire un alcool ressemblant à l'alcool de Jamaïque à partir de whisky de seigle.............. 102

Comment faire une ressemblance avec le Holland Gin à partir de Rye Whiskey............................... 103

La meilleure méthode pour rendre le pays commun Gin... 104

Sur les amendes pour les boissons alcoolisées.. 107

Sur la coloration des liqueurs.......................... 108

Pour corriger le goût du whisky brûlé.............. 108

Pour donner une saveur vieillie au Whisky........ 109

SECTION VIII.... 111

Observations sur la météo................................ 111

Observations sur l'eau..................................... 112

Précautions contre le feu................................. 114

SECTION IX... 117

Le devoir du propriétaire d'une distillerie. 117

Système et méthode. 118

Le devoir d'un distillateur engagé 119

SECTION X. 121

Bénéfices d'une distillerie commune. 121

De porcs. 125

Des maladies des porcs. 128

Sur l'alimentation des bovins et des vaches laitières. 129

SECTION XI. 131

Observations sur la construction de distilleries. 131

SECTION XII. 135

Sur les vins. 135

Reçu pour la fabrication de vin domestique à partir du raisin bleu d'automne. 135

Vin de groseille 137

Mode d'emploi pour la fabrication du cidre, mode britannique. 137

Voici une méthode américaine de fabrication du cidre très appréciée. 139

Le ticket de caisse suivant permet de faire un excellent vin américain, ... 143

Reçu pour la fabrication de vin de miel. 146

Pour faire du vin de sureau. 149

Pour faire du vin de sureau, à boire, fait chaud, comme un cordial. 150

SECTION XIII..151

*Pour faire du malt de seigle pour la distillation.*151

de brasser de la bière. 151

Des vaisseaux de brassage.....................152

Nettoyage et adoucissement des fûts et des cuves de brassage........................152

d'écraser ou de ratisser vos alcools. 154

de travailler l'alcool. 157

Du collage des liqueurs de malt. 160

de la saison pour le brassage. 161

Pour faire de la bière de sureau ou de l'Ebulum. 162

*Pour faire du Purl amélioré et excellent et sain.*163

Pour brasser une bière forte. 163

Pour faire la China Ale. 164

Pour faire de la bière, ou toute autre liqueur, qui est trop nouvelle, ou sucrée, une boisson éventée. 165

Pour récupérer la bière aigre. 165

Pour récupérer la liqueur qui est devenue mauvaise........................................165

Instructions pour la mise en bouteille................166

Pour faire un quart de tonneau de bière, et un tonneau de bière, de malt cuit. 166

Pour faire de la bière de mélasse. 168

FINIS 172

PRÉFACE.

LORSQUE je me suis lancé dans l'activité de distillation, je n'y connaissais absolument rien. J'étais même si ignorant du processus que je ne savais pas que la fermentation était nécessaire pour produire de l'eau-de-vie à partir de céréales. J'ignorais que l'on mettait du feu sous un alambic qui, lorsqu'il était suffisamment chaud, produisait de la vapeur, ou que cette vapeur pouvait être condensée par un ver ou un tube traversant l'eau jusqu'à l'état liquide. En résumé, mes impressions étaient que le chop-rye mélangé à de l'eau dans un tonneau, et laissé reposer pendant deux ou trois jours ; J'étais certain que tout cet art et ce mystère pouvaient s'apprendre en deux ou trois semaines, ou au plus tard en quelques mois, car j'avais souvent rencontré des personnes qui prétendaient connaître ce métier et l'avoir acquis en deux ou trois mois, alors que ces hommes étaient des distillateurs réputés et possédaient tout l'art nécessaire à cette science très abstruse ; je me suis vite aperçu que c'étaient des crétins ignorants, sans génie naturel, et souvent sans principes.

C'est ainsi que je me suis lancé dans la science obscure, mystérieuse et abstruse de la distillation, une activité que beaucoup prétendent comprendre parfaitement, mais qu'aucun ne comprend suffisamment. En effet, il s'agit d'un champ de contemplation pour le savant et l'homme de science : par une appropriation et un exercice judicieux et systématique de certains éléments, des alcools et des boissons précieux et salutaires peuvent être produits avec une grande perfection, à peu de frais et avec peu d'inconvénients, dans presque toutes les fermes de notre pays.

Les chymistes et les théoriciens profonds peuvent sourire de mes idées, mais si l'un d'entre eux s'aventurait à mettre le doigt dans la partie pratique de la distillation, j'ose dire qu'il aurait plus de difficultés à produire une bonne levure qu'à créer de l'oxygène ou de l'hydrogène. Les scientifiques nous regardent généralement de haut, et cela est principalement dû au fait qu'il y a tant d'écervelés, d'imbéciles et de vaniteux dans ce domaine. Si le sujet pouvait être amélioré, je pense que notre pays produirait toutes les liqueurs nécessaires, et dans un état de perfection, pour satisfaire l'opulent et l'épicurien.

Je n'ai eu aucune difficulté à trouver un grand distillateur réputé, dont j'ai suivi les instructions pour me procurer tous les ingrédients et matériaux nécessaires à la distillation, etc. Il était assidu et attentif, et produisait un rendement tolérable, mais j'ai rapidement constaté que la quantité de produits variait, et que le rendement n'était pas le même tous les deux jours. J'en ai demandé la cause, mais il m'a répondu qu'il ne pouvait pas me la dire ; je me suis également renseigné auprès d'autres distillateurs, et je n'ai pas pu obtenir de réponse plus satisfaisante - certains l'attribuaient à l'eau, d'autres à la sorcellerie, &c. &c.

Je les ai tous trouvés ignorants - je l'étais également, et j'ai erré dans l'obscurité ; mais ayant commencé l'entreprise, j'ai décidé de faire la lumière sur le sujet ; J'ai pensé qu'il devait y avoir des livres contenant des instructions, mais à ma grande surprise, après une recherche diligente dans toutes les librairies et tous les catalogues de Pennsylvanie, j'ai découvert qu'il n'existait aucun ouvrage américain traitant de cette science - et ceux de production étrangère, si différents de nos habitudes, de nos coutumes et de notre mode d'économie, que j'ai été contraint d'abandonner tout espoir d'une aide scientifique ou systématique, et d'avancer sous les instructions des distillateurs de notre voisinage, qui n'étaient guère mieux informés que moi, mais qui m'ont joyeusement fait part de leurs expériences et de leurs résultats, et qui m'ont librement communiqué leurs opinions et m'ont obligeamment donné leurs recettes. Au cours de mes progrès, j'ai acheté de nombreux reçus, et j'ai hésité à ne pas me procurer des informations de tous ceux qui semblaient en posséder, et parfois à grands frais, et j'ai dûment noté toutes ces découvertes et communications - j'ai fait mes expériences de temps en temps, et à différentes saisons, en notant soigneusement les résultats. Ayant fait de cette entreprise ma seule et constante étude, je m'occupai avec soin de l'importante branche de la fabrication de la levure, et j'étudiai la cause et le déroulement de la fermentation, procédant à de nombreuses expériences, et cherchant toujours à découvrir la cause de chaque échec, ou changement, ou différence dans le rendement. Après quatre ans d'attention, j'étais capable de déterminer la cause d'un tel changement, qu'il s'agisse de l'eau, de la levure, de la fermentation, de la qualité du grain, de la coupe du grain ou de l'empâtage, et je la corrigeais immédiatement. Grâce à cette attention soutenue et infatigable, j'ai réussi à mettre en place un système, dans mon esprit, et à atteindre un degré de perfection que je suis convaincu que rien d'autre qu'une longue série de pratiques n'aurait pu réaliser.

D'après les résultats de mes meilleures expériences, je donnais volontiers des reçus à ceux qui en faisaient la demande, et après que leur adoption eut obtenu une certaine célébrité, j'ai trouvé les demandes si nombreuses qu'il m'était impossible de les satisfaire gratuitement, et par conséquent, j'ai été obligé d'en fournir à certains et d'en refuser d'autres ; une conduite aussi empreinte de partialité et d'un certain degré d'illibéralité a naturellement suscité des murmures.

Mes amis m'ont fortement recommandé d'en faire une publication, le plan exigeant l'exercice de talents, d'ordre et de méthode, avec lesquels je ne me croyais pas suffisamment versé, j'ai pendant quelque temps obstinément refusé, mais finalement et après des sollicitations réitérées, j'ai consenti à entrer dans la discussion, avec l'espoir flatteur de fournir des informations utiles à ceux de mon pays engagés dans la distillation d'alcools à partir de la croissance de notre sol natal, ce que, avec les raisons suivantes, je présente comme la seule excuse.

1er. J'ai observé que de nombreux distillateurs faisaient des fortunes, tandis que d'autres, exerçant une part égale d'industrie, et de mérite égal, perdaient de l'argent, en raison d'un manque de connaissances dans ce domaine.

2d. Dans les tavernes, j'ai souvent observé que l'on buvait des liqueurs étrangères de préférence à celles de fabrication nationale, bien qu'elles soient réellement de mauvaise qualité, possédant des propriétés pernicieuses acquises à partir d'ingrédients utilisés par ceux qui, dans nos villes commerciales, brassent et composent des eaux-de-vie, des spiritueux et des vins, souvent à partir de matières très préjudiciables à la santé, et cela en raison de la quantité de mauvaises liqueurs fabriquées dans notre pays, ce qui a fait chuter la réputation des spiritueux nationaux. Alors qu'en fait, nous pouvons fabriquer des spiritueux domestiques à partir de diverses matières, qui, avec un peu de gestion et d'âge, seront supérieurs à tout produit étranger.

3d. En fabriquant du gin, etc. aussi bon sinon meilleur, nous pourrions, dans quelques années, rencontrer ces marchands étrangers sur leurs propres marchés, et les vendre moins cher ; ce que nous pourrions certainement faire, en rendant nos liqueurs bonnes, et en leur donnant le même âge. Le transport les améliorerait par conséquent au même degré, car le seul avantage que leurs liqueurs du même âge ont sur nos bonnes liqueurs, est la douceur acquise par la friction dans la cale chaude du navire en traversant l'océan.

Et de plus, comme les liqueurs seront bues par des personnes de toutes conditions dans la société, je me suis flatté de pouvoir améliorer nos liqueurs, les rendre plus saines pour ceux dont les mauvaises habitudes obligent à faire un usage trop libre des esprits ardents, et dont la constitution peut avoir été doublement blessée par les qualités pernicieuses de ceux qu'ils ont été obligés d'employer. Car il y a dans toutes les sociétés et chez les deux sexes, des gens qui boivent et font un usage excessif de ces boissons, même lorsqu'il y a une certitude morale qu'ils en subiront les conséquences, et comme preuve de mon hypothèse, j'offre le libre usage du café, du thé, etc. si universellement introduit à la table des gens de toute classe.

Le sage Disposeur des mondes, très heureusement pour l'humanité, permet l'exposition du génie, de l'esprit et des talents, du paysan et de l'ordre inférieur, aussi bien que du monarque, du seigneur et de l'opulent. Les arts et les sciences deviennent familiers, ils surgissent spontanément de notre sol natal et rivalisent avec l'Europe accomplie, voire la surpassent. En possession, donc, de toutes les matières, de tous les ingrédients et de toutes les conditions nécessaires, je demanderais pourquoi nous ne pouvons pas nous procurer des spiritueux et des vins ardents, égaux à ceux qui sont importés, et ainsi élever notre caractère au niveau de celui des autres pays, et retenir chez nous ces millions de dollars qui sont expédiés chaque année à l'étranger pour ces liqueurs étrangères, si communes, si universellement en usage, et dont une grande partie est tellement frelatée, qu'elle est suivie, quand on en fait un usage libre, de conséquences malheureuses. Si les hommes de capital et de science s'occupaient de distiller les produits de notre propre pays, s'ils conservaient la liqueur jusqu'à ce que l'âge et la gestion la rendissent égale, sinon supérieure à celle qui est importée, n'est-il pas probable qu'elle deviendrait un article d'exportation, et qu'elle profiterait très sensiblement à notre pays tout entier.

Des considérations comme celles-là se sont combinées pour déterminer une publication de mon travail ; pleinement conscient des railleries des pédants, des coups de pied, des morsures et des contusions des critiques - mais j'espère qu'ils trouveront la latitude d'exercer une part de compassion, quand je les informerai franchement, qu'un moulin et une distillerie, ou un alambic, ont été substitués à, et le seul collège et la seule académie dans lesquels j'ai jamais étudié, et ces études ont été interrompues, et pendant l'exercice de mes affaires, comme meunier et distillateur.

Qu'il contienne des erreurs dans la diction et la perspicacité, je l'avoue volontiers, mais qu'il soit vrai en substance et contienne beaucoup d'informations utiles, je dois le déclarer comme un fait indiscutable. Et bien que la route que j'ai parcourue était nouvelle, sans boussole, sans carte ou même sans étoile pour me guider, sans même un livre pour m'aider à réfléchir ou me réconforter dans mon sombre passage - cherchant dans les sources de la nature et dans les dons inhérents une aide consolatrice - exerçant une pression sur un esprit souvent épuisé, pour trouver les ressources et les fonds nécessaires à l'accomplissement des objets de mes recherches - je ne peux nier que j'ai rencontré beaucoup de mes semblables, qui m'ont joyeusement aidé avec toutes les informations en leur pouvoir, et à qui je présente maintenant mes remerciements - je dois reconnaître que je pense que mes travaux et mes efforts seront utiles à ceux qui ont moins d'expérience que moi, auquel cas je sentirai une rémunération plus ample pour mes efforts que le prix demandé pour un de ces volumes.

Si j'avais été témoin de la publication d'un ouvrage semblable par un homme de science et d'éducation, le mien n'aurait jamais paru. Mais il semblerait que les savants et les scientifiques n'aient jamais considéré un ouvrage de ce genre comme méritant leur attention ; circonstance profondément regrettable, car une coloration plus fine d'un ouvrage de mêmes propriétés et de même valeur lui procure souvent la célébrité, la demande et la popularité. Mon but est d'être utile, mon style est simple, et je ne me suis efforcé que de le rendre facile à comprendre, et de transmettre l'instruction nécessaire à ceux qui pourraient honorer cet ouvrage d'une lecture, ou y recourir pour obtenir des renseignements.

L'AUTEUR.

<u>PRÉFACE</u>

INTRODUCTION.

Il n'y a pas plus de vingt ans que le whisky a été mis en vente pour la première fois dans les villes portuaires en grandes quantités et, en raison de sa mauvaise qualité, à un prix très bas. Depuis cette période, il a gagné du terrain chaque année, et à l'heure actuelle, il est le deuxième grand article de commerce dans les États de Pennsylvanie et du Maryland.

Dans l'intérieur de ces États, il a pratiquement exclu l'utilisation d'alcools distillés étrangers, et je pense qu'il pourrait être rendu si parfaitement pur et agréable qu'il finirait par remplacer l'utilisation de tout autre alcool dans tous les États-Unis.

Pour y parvenir, il faut accorder la plus grande attention à la propreté, qui est absolument nécessaire dans une distillerie, dont le manque n'admet aucune excuse, où l'eau est gratuite.

Si un distillateur ne préserve pas chaque ustensile parfaitement doux et propre par un soin et une attention des plus assidus et opportuns, il peut s'attendre, bien qu'il se soit bien occupé des autres branches, à un whisky indifférent et de faible qualité.

Si, par exemple, tous les articles, ou un seul d'entre eux, entrant dans la composition de la levure, sont acides ou sales, cet article seul nuira certainement à l'ensemble ; et si l'on met la levure dans un tonneau de grains écrasés, elle transmettra bientôt son acidité ou sa saleté à toute la masse, ce qui réduira évidemment la quantité et la qualité de l'eau-de-vie produite par ce tonneau. La propreté dans tous les domaines, à l'intérieur et à l'extérieur d'une distillerie, devient une condition indispensable, sans laquelle l'entrepreneur trouvera l'établissement improductif et préjudiciable à ses intérêts. La pureté ne peut exister sans la propreté. Dans le système humain, la propreté détruit les démangeaisons obstinées. Elle est donc la servante active de la santé et du confort, et sans elle, la décence n'existe pas.

Le soin est une autre considération importante et nécessaire, et une base nécessaire, sur laquelle ériger une distillerie, afin qu'elle soit productive de richesse et de réputation. Le soin et l'industrie assureront la propreté ; un œil attentif doit être porté sur tout, pour que rien ne soit perdu, que chaque chose soit à sa place et dans l'ordre, que chaque chose soit faite en temps voulu ; l'entreprise doit être bien chronométrée, et le temps bien économisé, car elle occupe dans ce domaine, comme dans tout autre, un rang très élevé. Si l'on accorde une attention judicieuse au soin, à la propreté et à l'industrie, et si l'on y ajoute une connaissance compétente des différentes branches de la distillation, le caractère d'un distillateur pratique et complet est parfait.

Avec un tel distillateur, et une distillerie complète, équipée de tous les ustensiles nécessaires à l'exercice de l'activité, l'établissement ne peut manquer d'être très productif et de présenter au monde, à partir des matériaux de nos propres fermes, une eau-de-vie aussi saine, aussi bien aromatisée et aussi saine que n'importe quelle eau-de-vie, produit ou rendement de n'importe quel pays, à condition qu'on lui permette d'acquérir le même âge.

Quelle grande et belle idée frappe l'esprit scientifique qui réfléchit, lorsqu'il entre dans une distillerie complète et propre, avec un distillateur intelligent et propre, qui y fait son travail.

Voir les quatre éléments, chacun se combinant pour produire (avec l'aide de l'homme) un article de commerce et de luxe, et en même temps, une boisson nécessaire à l'homme. La terre produisant le grain, le houblon et les ustensiles, qu'une combinaison de feu et d'eau réduit en liquide par fermentation, et lorsqu'elle est placée dans l'alambic, voir l'air engager le feu pour l'aider à réduire le liquide que le feu et l'eau ont produit, en une vapeur, ou air, et ensuite voir le feu abandonner l'air, et aider l'eau à le réduire en liquide au moyen des tubes de condensation, et ensuite considérer le nombre de mains employées pour faire fonctionner la distillerie, présentera une autre idée patriotique. Le fermier avec tous ses domestiques et ses employés, engagés dans la culture du seigle, du maïs, etc. Les coupeurs de bois, les haleurs, les tonneliers qui fabriquent les fûts, les personnes qui nourrissent le bétail et les porcs, les haleurs, les tonneaux et la vente du whisky, des spiritueux, du porc, etc. Les produits de la distillerie, qui sont autant de sujets de commerce et d'emplois pour les marchands, les mécaniciens et les marins, proviennent tous de nos propres fermes.

Après avoir vu la distillerie fournir de l'emploi à un si grand nombre de personnes, du pain à leurs familles, et produire les moyens d'un revenu étendu et d'une augmentation du commerce - avec une perspective flatteuse d'annihiler complètement l'utilisation de liqueurs étrangères dans notre pays, et ainsi d'économiser la dépense de millions de dollars ; et finalement de faire de nos liqueurs un article d'exportation et une source de richesse - je présume que chaque esprit sera frappé par la pertinence d'encourager une branche d'affaires si prometteuse en termes de richesse et de confort.

Les recettes suivantes sont destinées à transmettre toute l'instruction nécessaire dans la science de la distillation, et à produire à partir de la croissance de nos propres fermes, les meilleurs spiritueux de toute description, et tels que je me flatte de remplacer l'utilisation de toutes les liqueurs importées, et ainsi répondre aux vues et aux souhaits de

L'AUTEUR.

INTRODUCTION

SECTION I.

Observations sur la levure.

Tous les distillateurs reconnaissent que la levure est le principal ressort de la distillation, bien que peu d'entre eux la comprennent, soit dans sa nature, soit dans son fonctionnement ; beaucoup prétendent connaître le grand sujet de la fermentation, et prétendent comprendre la meilleure façon de faire de la levure de réserve, et connaître un mode secret inconnu de tous les autres, alors que je crois qu'ils n'en savent que très peu de chose, mais en faisant miroiter l'idée d'ajouter quelque drogue, qu'on ne peut pas se procurer dans toutes les maisons, qui a un nom difficile, et qui est peu connue des gens du commun : Tels que le sang des Dragons, &c. qui vendent fréquemment leur secret, comme la meilleure façon possible de faire de la levure de stock, à dix, vingt, et dans certains cas cent dollars.

Reconnaissant qu'il s'agit d'un sujet abstrus et d'une science peu comprise en Pennsylvanie, et malgré les nombreuses expériences que j'ai faites avec soin et une observation attentive, mais avec la conscience de ne pas *trop bien* la comprendre, j'ai, dans plusieurs cas, acheté des reçus et fait des expériences fidèles ; mais je n'ai encore jamais rencontré d'homme de science, de théorie ou de pratique, dont le mode de fabrication de la levure de réserve donnait une meilleure préparation pour favoriser la fermentation, que le mode simple que j'ai suivi moi-même pendant quelques années, et que j'ai uniformément trouvé le meilleur et le plus productif.

Dans la fabrication de la levure, toutes les drogues et la sorcellerie sont inutiles - La propreté, pour conserver les vaisseaux parfaitement doux, du bon malt, et du houblon, et un distillateur industrieux, capable d'observation, et l'attention au reçu suivant, qui sera certainement trouvé pour contenir l'essence et l'esprit des manières et de l'art de faire cette composition, une connaissance que j'ai acquise par des achats-consultations avec les plus éminents brasseurs, boulangers et distillateurs de ce commonwealth, et surtout, par une longue pratique et expérience, prouvant son utilité et ses mérites supérieurs à ma plus parfaite satisfaction ; et que j'offre avec plaisir à mes concitoyens, comme méritant une préférence - nonobstant l'orgueilleux et scientifique chymiste, et les déclarations fleuries ou les traités du profond théoricien, peuvent désapprouver ce mode simple, et offrir ceux qu'ils présument être meilleurs, bien qu'ils n'aient jamais souillé un doigt en faisant une expérience pratique, ou peut-être assisté à un processus de toute description.

ARTICLE II.

Reçu pour le stock de levure.

Pour un récipient à levure de deux gallons, la taille la mieux adaptée à cet effet.

Prenez un gallon de bon malt d'orge, (assurez-vous qu'il soit de bonne qualité) mettez-le dans un récipient propre, bien échaudé, (qui doit être parfaitement doux) versez-y quatre gallons d'eau bouillante, (faites attention à ce que votre eau soit propre) remuez le malt et l'eau avec un bâton bien échaudé, jusqu'à ce qu'ils soient bien mélangés ensemble, puis couvrez le récipient avec un linge propre, pendant une demi-heure ; Après trois ou quatre heures, ou lorsque vous êtes sûr que le sédiment du malt s'est déposé au fond, versez le dessus, ou la partie mince qui reste sur le dessus, dans un pot en fer propre et bien récuré (faites attention à ne pas déranger le sédiment épais du fond et à ne pas en mettre dans le pot) ; Ajoutez ensuite quatre onces de bon houblon, couvrez la marmite d'un couvercle de fer propre et échaudé, et mettez-la sur un feu de charbons chauds pour la faire bouillir -

faites-la bouillir d'un tiers ou plus, puis passez tout ce qui est dans la marmite à travers un fin tamis de cheveux, (qui est parfaitement propre) dans un pot de terre propre et bien échaudé qui est glacé - puis remuez-y, avec un bâtonnet propre, autant de farine superfine que nécessaire pour obtenir une pâte à peu près semi-épaisse, c'est-à-dire ni épaisse ni fine, mais entre les deux, en remuant efficacement jusqu'à ce qu'il n'y ait plus de grumeaux. S'il reste des grumeaux, vous vous rendrez facilement compte que le cœur ou l'intérieur de ces grumeaux ne sera pas échaudé, et bien sûr, lorsque la levure commencera à travailler, ces grumeaux tourneront très vite, et bien sûr feront tourner la levure - remuez alors jusqu'à ce que ces grumeaux soient tous brisés et mélangés, puis couvrez-le bien pendant une demi-heure, pour que la farine qui y est mélangée soit correctement échaudée, Ensuite, couvrez-le et remuez-le fréquemment jusqu'à ce qu'il soit un peu plus froid que le lait chaud (pour s'en assurer, il suffit d'y mettre le doigt pendant dix minutes, mais faites attention à ce que votre doigt soit propre), puis ajoutez une demi-pinte de vraie bonne levure,[1] (soyez certain qu'elle est bonne, car il vaut mieux ne pas en utiliser, plutôt que de la mauvaise levure) et remuez-le efficacement, jusqu'à ce que vous soyez sûr que la levure est parfaitement incorporée aux ingrédients dans le pot - après quoi, couvrez-le et

32

mettez-le dans un endroit modérément frais en été, jusqu'à ce que vous perceviez qu'il commence à travailler, ou à fermenter - faites alors attention à le remuer deux ou trois fois à intervalles d'une demi-heure - puis laissez-le travailler en hiver, En hiver, placez-la dans une partie modérément chaude de l'alambic et en été, choisissez une maison de printemps, presque jusqu'au bord de la cruche dans l'eau - évitez les extrêmes de chaleur ou de froid, qui sont également ment préjudiciables à l'esprit de fermentation - par conséquent, elle devrait être placée dans une situation modérément chaude en hiver, et modérément fraîche en été.

Cette levure doit être renouvelée tous les quatre ou cinq jours en été, et tous les huit ou dix jours en hiver, mais il est plus sûr de la renouveler plus souvent, ou à des intervalles plus courts, que de la laisser reposer plus longtemps. Dans les vingt-quatre heures qui suivent le début de son action, elle est prête à être utilisée.

Entre une pinte et une demi-pinte du stock de levure ci-dessus, il suffit d'élever la levure pour l'usage quotidien de trois tonneaux.

ART. III.

Le récipient le plus approprié pour conserver le stock de levure est une cruche en terre, qui peut contenir trois gallons au moins, avec un couvercle de le même, bien glacé - car il ne contractera pas d'acide de la fermentation, et est facilement échaudé et sucré. Il devrait y en avoir deux de la même taille, de sorte que lorsque l'un est utilisé, l'autre peut être sucré - ce qui est effectué en les exposant au gel ou au feu.

ART. IV.

Pour savoir quand la levure est bonne ou mauvaise.

Lorsque vous constatez que votre levure fonctionne, observez si elle fonctionne rapidement, si elle est vive et forte, si son volume augmente presque du double de ce qu'il était avant qu'elle ne commence à fonctionner, si elle a un goût et une odeur sucrés et piquants, si elle a l'apparence d'un rayon de miel, si elle a des pores, si elle change constamment de place et si elle a une couleur vive et brillante, alors vous pouvez déclarer que votre levure est bonne ; au contraire, si elle est morte, ou si elle a un aspect plat et bleu, si elle a un goût et une odeur aigre (si elle en a), alors vous pouvez la déclarer mauvaise et impropre à l'utilisation et, bien sûr, elle doit être renouvelée.

ART. V.

Comment renouveler la levure quand elle est acide.

Environ deux heures avant de commencer à faire votre bière, prenez une pinte de levure aigre, mettez-la dans un plat ou un récipient propre, et versez de l'eau froide propre dessus - changez l'eau toutes les quinze minutes, jusqu'à ce que l'acide soit extrait, préparez-la alors pour la mélanger avec la bière, qui doit être préparée de la manière suivante, c'est-à-dire. Prenez une pinte de malt, et ébouillantez-le bien dans un récipient propre, avec un gallon d'eau bouillante, laissez-le reposer une demi-heure à couvert, puis versez-le dans une casserole avec beaucoup de houblon, puis passez-le dans une cruche de terre bien ébouillantée, quand le lait est chaud, ajoutez alors une petite quantité de levure, (sucrée comme indiqué dans la première partie de cette recette,) avec deux ou trois cuillères à soupe de mélasse....... laisser fermenter pendant vingt-quatre heures ... puis verser le dessus, ou la bière qui se trouve dans la cruche, en laissant environ un quart dans le fond ... alors ce qui reste dans le fond sera de la levure avec laquelle vous pourrez commencer votre stock de levure.

ART. VI.

La méthode utilisée par la plupart des distillateurs pour se procurer et conserver des stocks de levure mérite, dans l'esprit de l'auteur de cet ouvrage, la plus grande désapprobation. Ils se procurent généralement de la levure une fois par semaine, ou par mois, auprès des brasseurs, et si cette méthode ne leur convient pas, ils utilisent souvent celle dont se servent les femmes de la campagne pour faire du pain, sans se soucier de sa qualité, ni de son acidité ; avec ce produit, généralement mauvais, ils fabriquent leur levure quotidienne et continuent souvent à s'en servir jusqu'à ce que le grain ne donne plus un gallon de whisky par boisseau, et ils continuent souvent à se procurer et à renouveler la levure de cette manière misérable et indolente, au grand préjudice de leurs intérêts et de ceux de leurs employeurs.Ils attribuent le faible rendement de la liqueur à la mauvaise qualité du grain, à la façon dont il est coupé, ou à toute autre cause tout aussi fausse. C'est donc aux habitudes oisives et négligentes des distillateurs qu'il faut attribuer tout rendement inférieur à trois gallons par boisseau de seigle..... Pour assurer cette quantité au moins à partir du boisseau, l'auteur comprend l'inquiétude exprimée, et le soin recommandé dans les pages précédentes, sur le sujet de la conservation et du maintien de la bonne levure, et recommande ce qui suit comme le meilleur mode de préparation.

ART. VII.

La levure de stock est bonne pendant des années.

Lorsque le temps est modérément chaud en automne ou au printemps, prenez de votre meilleur stock de levure qui a fermenté environ vingt-quatre heures, et mélangez-la épaisse avec les plus gros grains de farine de blé, ajoutez une petite quantité de whisky, dans lequel, auparavant, dissolvez un peu de sel, lorsque vous avez remué les grains avec un bâton, frottez-le entre vos mains jusqu'à ce qu'il devienne assez sec, puis étalez-le finement, sur une planche pour le sécher au soleil .... frottez-le une ou deux fois par jour entre vos mains jusqu'à ce qu'il soit parfaitement sec, ce qui prendra trois ou quatre bons jours - rentrez-le le soir avant que la rosée ne tombe - lorsqu'il est bien sec, mettez-le dans un papier et conservez-le dans un endroit sec et aéré pour l'utiliser.

Ainsi, la levure se conserve bien, si elle est exempte d'humidité, pendant une longue période, et c'est le seul moyen efficace de conserver la levure pure et douce ... lorsqu'elle est mise en place conformément aux instructions précédentes, le distillateur peut toujours compter sur la qualité de la levure et sur un bon rendement de son grain, à condition qu'il gère aussi bien les autres parties de sa distillation.

Environ deux heures avant d'utiliser la levure séchée, la méthode consiste à prendre deux gills, à les placer dans un récipient approprié et à y verser du lait et de l'eau chaude, à remuer et à bien mélanger le tout avec la levure, et en deux ou trois heures, une levure efficace sera produite.

Au printemps, chaque distillateur doit produire une quantité qui servira jusqu'à l'automne et, à chaque automne, une quantité qui servira pendant l'hiver, en comptant sur l'utilisation d'une pinte par semaine, trois gallons étant suffisants pour démarrer un stock de levure qui servira une semaine à une distillerie ordinaire.

ART. VIII.

Pour fabriquer la meilleure levure pour un usage quotidien.

Pour trois hogsheads, prenez deux poignées de houblon, mettez-les dans un pot en fer, et versez-y trois gallons d'eau bouillante de votre chaudière, mettez le pot sur le feu étroitement couvert pendant une demi-heure, pour extraire la force du houblon, puis passez-le dans votre récipient à levure, épaississez-le avec du seigle haché, dont le son a été tamisé ? remuez-le avec un bâton propre jusqu'à ce que les grumeaux soient tous bien brisés et mélangés... couvrez-le bien avec un linge pendant une demi-heure, en ajoutant, au moment de mettre le seigle haché, une pinte de bon malt lorsque le seigle est suffisamment échaudé, découvrez-le et remuez-le bien jusqu'à ce qu'il soit chaud comme du lait, puis ajoutez une pinte de bonne levure mère, en remuant jusqu'à ce que vous soyez sûr qu'elle est bien mélangée avec la nouvelle levure. Si votre stock de levure est bon, cette méthode vous servira... en veillant toujours à ce que votre eau et vos récipients soient propres, et que les ingrédients soient de bonne qualité ; dès que vous avez refroidi et vidé votre récipient à levure, ébouillantez et récurez, et exposez-le à l'air de la nuit pour le purifier. L'étain fait de le meilleur récipient à levure pour la levure faite quotidiennement, selon le mode ci-dessus.

Au cours de ma longue pratique de la distillation, j'ai découvert qu'il est absolument nécessaire d'accorder une attention particulière à la levure, et même si j'ai beaucoup parlé de ce sujet dans les pages précédentes, je tiens à souligner l'importance que l'on accorde à cet ingrédient dans la distillation, et à montrer plus en détail les avantages et les inconvénients de l'utilisation de bonnes et de mauvaises levures.

Avantages de l'utilisation d'une bonne levure pendant un mois, à raison de 5 boisseaux par jour ; 30 jours à 5 boisseaux, soit 150 boisseaux à 60 cents, coûtent	$ 90 00

Contra

150 boisseaux donnent 3 gallons par boisseau, à 50 cents le gallon-450 gallons,	225 00
Profit	$ 135 00

Les inconvénients subis pendant la période susmentionnée.

150 boisseaux à 60 cents,	90	00
Contra		
150 buissons donnant 1-1/2 gallons au boisseau-225 gallons à 50 cents,	112	50
Profit	21	50

Ainsi, le propriétaire ou le distillateur subit fréquemment, dans la distillation de son produit, une perte égale et proportionnelle à la perte subie, du fait de l'utilisation de levures indifférentes, et souvent sans savoir à quelle cause l'attribuer. Cette constatation est plus convaincante que toute autre, et elle est très modérée du côté de la levure indifférente, car avec une mauvaise levure aigre, le rendement sera plus souvent inférieur à un gallon par boisseau que supérieur à un gallon et demi, tandis qu'avec une bonne levure, le rendement sera rarement inférieur à trois gallons par boisseau. C'est pourquoi je m'efforce de persuader le distillateur d'accorder toute l'attention possible aux instructions précédentes, d'utiliser constamment de la bonne levure uniquement et de

rejeter totalement toute levure de qualité dou-
teuse.

42

SECTION II.

ARTICLE I.

Observations sur le bois pour les tonneaux.

Le bois le moins cher et le plus facile à travailler est généralement le plus employé pour la fabrication des cuves de brassage ou des têtes de tonneau, et très souvent, pour des raisons d'expédition ou de nécessité, on prend le bois le plus commode, comme le pin ou le châtaignier ; j'ai même vu des cuves en peuplier utilisées pour le brassage, ce qui est très mauvais, car un distillateur, en n'ayant pas ses têtes de tonneau de bon bois, peut perdre peut-être le prix de deux séries de têtes de tonneau en une saison. Par exemple, un fermier est sur le point d'ériger une distillerie, et il se trouve à proximité d'une montagne où abondent les châtaigniers ou les pins, qui, en raison de leur souplesse, de la facilité avec laquelle ils peuvent être travaillés et de leur commodité pour l'expédition, sont facilement choisis pour ses cuves de moût... Je désapprouve résolument un tel choix de bois, car d'après ma longue expérience, je sais que toute sorte de bois tendre ne convient pas par temps chaud. Le bois tendre et poreux utilisé dans les cuves de brassage lorsqu'elles sont pleines de bière et en fermentation, se contractera, recevra ou s'imprégnera d'une telle quantité d'acide, qu'il pénétrera presque à travers la douelle, et aigrira le récipient à un tel degré, par temps chaud, qu'aucun échaudage ne pourra l'éliminer - il ne peut pas non plus être complètement adouci avant d'être rempli d'eau froide pendant deux ou trois jours, puis échaudé.

Chêne blanc.

Je désapprouve les douves de chêne noir, bien qu'elles soient remplacées par des douves de chêne blanc pour tous les récipients de la distillerie... car elles sont les plus durables, de texture compacte, facilement adoucies... et difficiles à pénétrer par les acides de toute sorte, bien que parfois les meilleures barriques de chêne blanc puissent tourner, mais deux ou trois ébouillantages les rendront parfaitement douces...... si le chêne blanc ne peut être obtenu, le chêne noir, qui est de la meilleure qualité suivante, peut être utilisé... et je proteste à nouveau contre le pin, le châtaignier, le peuplier et toute sorte de bois tendre et poreux.

Si possible, ou si cela convient, faites lier et peindre les navires avec du fer, pour empêcher les vers et les intempéries de les endommager, en utilisant un bon cerceau de bois sur le fond pour sauver l'échine.

ART. II.

Pour sucrer les tonneaux par ébouillantage.

Lorsque vous tournez vos vaisseaux à l'extérieur (car il est considéré comme paresseux et paresseux de les ébouillanter dans la maison de l'alambic), vous devez les nettoyer avec votre brosse à récurer, puis mettre seize ou vingt gallons d'eau bouillante, couvrir le tout pendant environ vingt minutes, puis récurer efficacement avec votre balai à récurer, puis bien rincer votre vaisseau avec deux seaux d'eau froide propre, Cette méthode convient en hiver, à condition de les laisser à l'air libre pendant la nuit, mais en été, et surtout pendant les mois de juillet et d'août, cette méthode ne fonctionnera pas. C'est pendant ces mois extrêmement chauds sous notre latitude que les vaisseaux sont susceptibles de contracter des particules putrides, ce qui peut être corrigé par la méthode de fabrication suivante

Des hogsheads parfaitement doux.

Ébouillantez-les deux fois, comme indiqué ci-dessus, puis allumez une allumette de soufre, jetez-la sur le sol, renversez votre tête de porc dessus, laissez-la reposer jusqu'à ce que l'allumette cesse de brûler, cette opération est nécessaire une fois par semaine - une méthode que j'ai trouvée efficace.

ART. III.

Pour adoucir les tonneaux en les brûlant.

Lorsque vous avez bien échaudé vos tonneaux, mettez dans chacun d'eux une grosse poignée de paille d'avoine ou de seigle, mettez-la sur le feu et remuez-la jusqu'à ce qu'elle soit en feu, puis tournez le goulot du tonneau vers le bas ; la fumée purifiera et adoucira le tonneau. Ce procédé doit être répété tous les deux jours, surtout en été. Il vous permettra d'obtenir de bons fûts, à condition que votre levure soit bonne et que vos tonneaux soient bien écrasés.

Il devrait toujours y avoir dans une distillerie plus de récipients que nécessaire pour un usage immédiat, afin qu'ils puissent être exposés alternativement au gel et à l'air au moins une nuit avant d'être mis en service, en gardant toujours à l'esprit que la plus grande attention à la propreté est nécessaire, afin d'obtenir un rendement du grain ou du fruit tel qu'il puisse être requis pour compenser la dépense et le travail d'extraction de l'alcool, et de plus, que l'exercice du plus grand génie possédé par l'homme est à peine capable de tirer d'un petit grain tout l'alcool qu'il contient :.... de bons matériaux ne suffiront pas ... l'attention la plus marquée est indispensable à la levure ; un esprit capable de juger de la fermentation dans toutes ses étapes ... une adhésion étroite à la manière d'utiliser les ingrédients ... de les préparer, et l'utilisation de récipients doux, avec une grande industrie et une connaissance pour l'appliquer au moment approprié, sont tous nécessaires pour permettre l'accomplissement du but désiré.

Note ... Pour l'échaudage de la tête de cochon, je recommande l'utilisation d'une pelle pleine de cendres, qui échaudera plus vivement.

SECTION III.

ARTICLE I.

Pour broyer le seigle en mode commun.

Prenez quatre gallons d'eau froide pour chaque tonneau, ajoutez un gallon de malt, remuez bien avec votre bâton d'empâtage, jusqu'à ce que le malt soit bien mouillé - quand votre alambic bout, mettez environ seize gallons d'eau bouillante, puis mettez un boisseau et demi de seigle haché, en le remuant bien, jusqu'à ce qu'il n'y ait plus de grumeaux, puis couvrez-le bien jusqu'à ce que l'alambic bout, puis mettez dans chaque tête de cochon, trois seaux ou douze gallons d'eau bouillante, en remuant bien en même temps - couvrez-le bien - remuez-le à intervalles jusqu'à ce que vous perceviez que votre seigle est suffisamment échaudé, Vous le saurez en plaçant votre bâton d'empâtage et en soulevant une partie du seigle échaudé ; vous verrez le cœur ou la graine du seigle, comme un grain de fléole des prés, coller au bâton, et aucune apparence de bouillie, lorsque je présume que le seigle est suffisamment échaudé.

J'ai connu ce procédé qui a bien réussi avec un distillateur attentif.

ART. II.

La meilleure méthode de distillation du seigle.

Prenez quatre gallons d'eau bouillante, et deux gallons d'eau froide - mettez-la dans un tonneau, puis incorporez un boisseau et demi de seigle haché, laissez reposer cinq minutes, puis ajoutez deux gallons d'eau froide, et un gallon de malt, remuez bien - laissez reposer jusqu'à ce que votre alambic bout, puis ajoutez seize gallons d'eau bouillante, en remuant bien, ou jusqu'à ce que vous cassiez tous les grumeaux - mettez ensuite dans chaque tonneau ainsi préparé, une pinte de gros sel, et une pelle pleine de charbons chauds provenant de votre fourneau. (Les charbons et le sel ont tendance à absorber toute l'aigreur et la mauvaise odeur qui peuvent se trouver dans le tonneau ou le grain ;) s'il y a une petite quantité de cendres chaudes dans les charbons, c'est une amélioration - remuez efficacement vos têtes de bétail toutes les quinze minutes, en les gardant bien couvertes jusqu'à ce que vous estimiez que le grain est suffisamment échaudé - vous pouvez alors le découvrir, si les seize gallons d'eau bouillante ci-dessus ne l'ont pas suffisamment échaudé, il faut ajouter de l'eau jusqu'à ce qu'elle soit suffisamment échaudée - certaines eaux s'échaudent plus vite que d'autres - il faut le noter attentivement, et après avoir brassé deux ou trois fois, on peut déterminer correctement la quantité d'eau utilisée qui échaudera efficacement - après avoir enlevé les couvercles, il faut les remuer efficacement toutes les quinze minutes, jusqu'à ce que vous refroidissiez - pour cette opération, voir " *Refroidissement* "." A ceux qui distillent uniquement du seigle, je recommande cette méthode, car je l'ai trouvée adaptée à chaque type d'eau, à une ou deux exceptions près.

Les distillateurs feront sans doute des expériences avec les différents modes recommandés et utiliseront celui qui s'avérera le plus avantageux et le plus pratique.

ART. III.

Broyer deux tiers de seigle et un tiers de maïs en été.

J'ai trouvé que c'était le plus beau procédé de distillation - la petite proportion de maïs et la grande quantité d'eau d'échaudage, ainsi que la facilité d'échaudage du seigle et la difficulté d'échaudage du maïs, font qu'il n'est pas facile d'atteindre exactement l'échaudage des deux ; mais comme certains distillateurs continuent à le pratiquer, (bien que ce ne soit pas une bonne

51

méthode à mon avis, en raison de l'extrême attention nécessaire pour l'exécuter). Dans le reçu suivant, je propose la meilleure méthode que je connaisse, et que je considère comme la plus bénéfique, et dans lequel je montre le processus et la méthode suivis par d'autres distillateurs.

Prenez quatre gallons d'eau froide, mettez-la dans un tonneau, puis mélangez-y un demi-boisseau de maïs, laissez-la reposer à découvert pendant trente minutes, puis ajoutez seize gallons d'eau bouillante, mélangez-la bien, couvrez-la bien pendant quinze minutes, puis mettez-y votre seigle et votre malt et mélangez-les jusqu'à ce qu'il n'y ait plus de grumeaux, puis couvrez-la et mélangez-la à intervalles réguliers jusqu'à ce qu'elle bout, ajoutez alors huit, douze ou seize gallons d'eau bouillante, ou toute autre quantité que vous trouverez par expérience, pour répondre au mieux - (mais avec la plupart des eaux, douze gallons seront trouvés pour répondre) en remuant bien toutes les quinze minutes jusqu'à ce que vous perceviez qu'il est assez échaudé, puis découvrez et remuez-le efficacement jusqu'à ce que vous refroidissiez ; Gardez toujours à l'esprit que plus vous remuez efficacement, plus vous obtiendrez de whisky. C'est la méthode que j'ai trouvée la plus efficace ; cependant, j'ai connu de très bons résultats en trempant le maïs en premier lieu, avec deux gallons d'eau chaude et deux gallons d'eau froide, au lieu des quatre gallons d'eau froide mentionnés plus haut ; d'autres y mettent le seigle, lorsque toute l'eau bouillante est dans le tonneau, mais je n'ai jamais trouvé que cela répondait à un bon usage, et je n'ai jamais trouvé grand profit à distiller le seigle et le maïs dans cette proportion.

ART. IV.

Distiller une moitié de seigle et une moitié de maïs.

Cette méthode de distiller des quantités égales de seigle et de maïs, est plus en pratique, et est beaucoup mieux que de distiller des proportions inégales, pour la raison que vous pouvez échauder votre maïs et le seigle à une certitude, et le produit est égal sinon plus, et un meilleur whisky, que tout le seigle. Le maïs indien est moins cher, et la graine est meilleure que si elle était entièrement constituée de seigle. Je recommande ce maïs comme la plus petite quantité de maïs à mélanger au seigle pour la distillation, car il est le plus productif et le plus rentable. Il y a cependant des endroits où le distillateur ne peut pas suivre exactement cette recette, à cause d'une eau dure ou douce (comme on l'appelle généralement) ou d'un maïs dur ou mou, qui échaudera trop ou pas assez, mais le distillateur attentif le déterminera rapidement par expérience.

Faites en sorte que vos têtes de cochon soient parfaitement douces, mettez dans chacune d'elles trois gallons d'eau froide et trois gallons d'eau bouillante , ou plus ou moins de chaque, selon ce que vous trouverez le mieux, puis mélangez votre maïs, remplissez votre chaudière, portez-la vivement à ébullition, puis mettez dans chaque tête de cochon douze gallons d'eau bouillante, en donnant à chaque tête de cochon cent brassées, avec votre bâton à empâter, puis couvrez bien, remplissez votre chaudière et maintenez un bon feu sous elle, pour produire une ébullition rapide ; avant d'ajouter la dernière eau, mettez dans chaque tonneau une pinte de sel, et une pelle pleine de charbons chauds et de cendres provenant de votre alambic, remuez bien le sel et les charbons, pour les mélanger à votre maïs, le charbon enlèvera toute mauvaise odeur qui pourrait se trouver dans le tonneau - si vous trouvez à l'essai que le seigle ne s'échauffe pas assez, en le mettant après votre dernière eau, vous pouvez dans ce cas mettre votre seigle avant la dernière eau - mais cela doit être vérifié par plusieurs expériences. J'ai trouvé qu'il était préférable d'introduire le seigle après que toute l'eau se soit écoulée dans le tonneau, surtout si

54

vous portez toujours l'alambic à ébullition de façon vive, mettez-le avec un gallon de bon malt par tonneau, en le remuant immédiatement et très vivement, de peur que l'eau ne perde sa chaleur, et jusqu'à ce que les grumeaux soient tous brisés, ce que vous découvrirez en regardant votre bâton d'empâtage ; Les grumeaux y restent généralement collés. Quand vous avez fini de remuer, veuillez couvrir le tonneau fermé pendant une demi-heure, puis remuez-le pour vérifier si votre grain est suffisamment échaudé, et quand il est presque assez échaudé, découvrez-le et remuez-le régulièrement jusqu'à ce qu'il soit assez froid pour ne plus s'échauder ; lorsque vous voyez qu'il est suffisamment échaudé, et que vous vous assurez, en le remuant, que l'échaudage est arrêté, découvrez vos tonneaux et remuez-les efficacement, toutes les quinze minutes, jusqu'à ce qu'ils soient prêts à refroidir - n'oubliez pas que de bonnes levures douces, des tonneaux propres et doux, avec cette façon de moudre soigneusement, vous produiront un bon rendement de votre grain. La quantité de maïs et de seigle est généralement de deux boisseaux et demi de chaque, et un gallon de malt.

ART. V.

Broyer un tiers de seigle et deux tiers de maïs.

Je considère que c'est la méthode de brassage la plus rentable pour un distillateur, et s'il peut s'habituer à travailler le maïs et le seigle dans cette proportion, il trouvera le procédé de brassage le plus facile. On ne peut contester que le maïs donne autant et aussi bon whisky que le seigle ou toute autre céréale, et le slop ou pot ale est de loin supérieur à celui de toute autre céréale, pour nourrir ou engraisser les bêtes à cornes ou les porcs - un gallon de pot ale de maïs étant considéré comme valant trois de seigle, et les bêtes le mangeront toujours mieux - et en outre, le maïs est toujours de un à deux shillings par boisseau moins cher que le seigle, et dans de nombreux endroits beaucoup plus abondant - de sorte qu'en adoptant cette méthode et en l'appliquant bien, le distillateur constatera à la fin de l'année qu'elle a des avantages sur tous les autres procédés et mélanges de seigle et de maïs, qu'elle rapporte plus de profits et qu'elle fait mieux vivre le troupeau. Les porcs engraissés avec ce pot ale seront décidément meilleurs que ceux engraissés avec les résidus de tout autre type de brassage.

Réduire en purée comme suit.

Ayez des têtes de cochon douces, de la bonne levure et de l'eau propre dans votre chaudière ; quand l'eau est vive, chaude ou à demi bouillante, mettez dans chaque tête de cochon que vous voulez réduire en purée en même temps, six, huit ou autant de gallons d'eau à demi bouillante, qui mouilleront complètement un boisseau de farine de maïs ; ajoutez ensuite un boisseau de maïs haché, remuez le tout avec votre bâton à purée jusqu'à ce que votre maïs soit tout mouillé ; Il est préférable de mettre d'abord une plus petite quantité d'eau, puis d'en ajouter autant que nécessaire, jusqu'à ce que le maïs soit complètement mouillé (faites attention à ce que votre pilon soit propre dans tous les cas), c'est ce qu'on appelle tremper le maïs. Remplissez ensuite votre chaudière, portez-la rapidement à ébullition, et lorsque l'ébullition est effective, mettez dans chaque tête de porc douze gallons d'eau bouillante, en la remuant bien après l'avoir mise dans chaque seau, jusqu'à ce que les grumeaux soient bien brisés - couvrez bien les têtes de porc, après un remuement complet - remplissez votre chaudière, portez-la rapidement à ébullition pour la dernière purée - remuez le maïs dans la tête de porc toutes les quinze minutes, jusqu'à ce que votre dernière eau soit bouillante - mettez dans chaque tête de porc une pinte de sel, et une pelle pleine de charbons ardents, en remuant bien, puis mettez dans chaque tonneau seize gallons d'eau bouillante, remuez bien pendant vingt-cinq minutes, puis mettez dans chaque tonneau un demi-boisseau de farine de seigle, et un gallon de malt bien haché, en remuant jusqu'à ce que les grumeaux soient tous brisés, puis couvrez-le bien, remuez-le toutes les demi-heures, jusqu'à ce que vous pensiez qu'il est suffisamment échaudé, puis découvrez-le et remuez-le aussi souvent que vos autres affaires le permettent, jusqu'à ce qu'il soit prêt à refroidir.

Dans cette purée et dans toutes les autres, vous devez utiliser uniquement des récipients doux et de la bonne levure, ou votre travail sera vain ; et dans toutes les sortes de purées, vous ne pouvez pas trop remuer.

ART. VI.

Pour écraser le maïs.

Il s'agit d'un mode de brassage peu rentable et peu productif, mais il peut arriver que le distillateur soit à court de seigle, parce que le moulin est arrêté, que les routes sont mauvaises, qu'il fait mauvais temps, ou pour toute autre raison ; et pour éviter la nécessité de nourrir les porcs ou le bétail avec du grain cru (en supposant que l'on compte sur chaque distillerie pour fournir un stock quelconque, et souvent un grand stock de bétail et de porcs), par temps froid, j'ai constaté que cette méthode répondait très bien, mais pas par temps chaud. Ceux qui y sont contraints pour les raisons susmentionnées, ou qui y sont poussés par la fantaisie, peuvent essayer la méthode suivante. Dans un tonneau, mettez douze gallons d'eau bouillante, et un boisseau et demi de maïs, remuez bien, puis quand votre eau bout, ajoutez douze gallons de plus, (bouillante et chaude,) remuez bien, et couvrez bien, jusqu'à ce que l'eau bout encore la troisième fois, puis mettez dans chaque tonneau, une pinte de sel, et seize gallons d'eau bouillante, Remuez bien, couvrez-le jusqu'à ce que vous estimiez qu'il est presque assez échaudé, puis mettez deux ou trois gallons d'eau froide (selon ce qui convient le mieux) et deux gallons de malt, ou plus s'il est possible de s'en passer - remuez bien, puis couvrez-le pendant une demi-heure, puis découvrez-le et remuez-le bien, jusqu'à ce qu'il soit assez froid pour refroidir.

ART. VII.

Pour faire quatre gallons à partir d'un bois-seau.

C'est une méthode d'empâtage que j'approuve beaucoup, et que je recommande à tous les distillateurs de whisky d'essayer - elle est facile à mettre en œuvre, et ne présente guère plus de difficultés que la méthode habituelle, et peut être pratiquée de toutes les manières d'empâtage, aussi bien avec du maïs ou du seigle, qu'avec un mélange des deux, pendant huit mois de l'année ; et pour les quatre autres, elle vaut la peine d'être suivie. Je ne veux pas dire que la quantité de quatre gallons puisse être produite en moyenne, dans chaque distillerie, avec toutes sortes de grains et d'eau, ou pendant toutes les vicissitudes du temps, et par chaque distillateur, mais je me hasarderai à dire qu'un alambic tenu en parfait état, avec une bonne eau, des grains bien hachés, du bon malt, du houblon, et surtout de la bonne levure ; avec un distillateur habile, soigneux et assidu, ne peut manquer de produire en moyenne, pendant huit mois de l'année, trois gallons et trois quarts du boisseau, à un calcul modéré. Je l'ai vu parfois produire quatre gallons et demi au boisseau, pendant deux ou trois jours, et parfois pendant autant de semaines, alors que peut-être, le troisième ou le quatrième jour, ou la semaine, il produisait à peine trois gallons ; un changement que nous devons expliquer par un changement de temps, l'eau ou la négligence ou l'ignorance du distillateur. Par exemple, nous savons qu'un boisseau de seigle ou de maïs contient quatre gallons de whisky - il est certain que cette quantité a été obtenue à partir du boisseau ; alors pourquoi pas toujours ? Parce que, répond-on, il y a quelque chose qui ne va pas, de la levure ou des têtes de bois aigres, une négligence de la part du distillateur, un changement de grain ou un changement de temps - alors bien sûr, il est du devoir du distillateur de se prémunir contre toutes ces causes aussi près qu'il le peut. La méthode suivante, si elle ne produit pas dans chaque distillerie la quantité mentionnée ci-dessus, produira certainement plus de whisky à partir du boisseau que toute autre méthode que j'ai connue.

Écrasez votre grain selon la méthode qui vous donnera le plus de whisky - la veille de l'écrasement, placez un tonneau propre dans un endroit pratique de la distillerie ; Lorsque votre alambic est épuisé, enlevez le chapiteau et remplissez-le d'eau propre, laissez-le reposer une demi-heure pour que la partie épaisse se dépose au fond, ce qu'elle fera une fois qu'elle se sera déposée, trempez-le avec un gallon ou un seau et remplissez à moitié le chapiteau propre, laissez reposer le tonneau jusqu'à ce qu'il refroidisse un peu, de sorte que lorsque vous le remplissez d'eau froide, il soit à peu près chaud comme du lait, puis faites-le lever avec la levure nécessaire pour faire 4 gallons au boisseau, puis couvrez-le bien et laissez-le travailler ou fermenter jusqu'au jour suivant, lorsque vous allez le refroidir ; lorsque l'eau froide coule dans votre tonneau de purée, prenez le tiers de ce tonneau pour chaque tonneau, (ce qui précède étant calculé pour trois tonneaux) à purger chaque jour, en remuant bien les tonneaux avant de les levurer. Ce procédé est simple, et je me flatte qu'on le trouvera digne de la peine qu'on s'en donne.

ART. VIII.

Pour savoir quand le Grain est assez échaudé.

Mettez votre bâton d'empâtage dans votre tonneau et remuez-le doucement deux ou trois fois, puis soulevez-le et donnez-lui un léger coup sur le bord de votre tonneau - si vous percevez la pâte ou la partie musquée tomber de votre bâton, et qu'il reste le cœur du grain sur votre bâton d'empâtage, comme des grains de fléole des prés, alors soyez assuré qu'il est suffisamment échaudé, sinon trop, ce conseil suffira au nouveau débutant, mais l'expérience et l'observation permettront le jugement le plus correct.

ART. IX.

Instructions pour se rafraîchir.

Beaucoup d'observation est nécessaire pour permettre au distillateur de refroidir avec discernement - cette nécessité est accrue par la versatilité de notre climat, les saisons de l'année, et les types d'eau utilisés. Ces circonstances empêchent une adhésion stricte à un mode particulier ou spécifique ; je soumets cependant quelques observations pour guider les distillateurs dans ce domaine : si en été vous allez refroidir avec de l'eau de source froide, alors bien sûr la matière broyée dans vos tonneaux doit être beaucoup plus chaude que si vous avez l'intention de refroidir avec de l'eau de ruisseau ou de rivière, les deux étant généralement proches de la chaleur du lait, qui est la chaleur appropriée pour le refroidissement - en été un peu plus froide, et en hiver un peu plus chaude.

On constatera qu'un tonneau de céréales écrasées se réchauffe toujours, après avoir commencé à travailler ou à fermenter.

Lorsque la purée contenue dans les têtes de distillation est amenée à un certain degré de chaleur en la remuant, ce qui, en été, donne une sensation de chaleur vive, ou si chaude que l'on peut à peine y porter la main pendant un certain temps, cela suffit pour de l'eau ordinaire, mais pour refroidir de l'eau très froide ou très chaude, la purée contenue dans les têtes de distillation doit être laissée plus froide ou plus chaude, selon ce que le distillateur juge le plus opportun ou le mieux adapté à l'eau de refroidissement.

Quand vous pensez qu'il est temps de refroidir, ayez une auge ou un moyen de transport pour amener l'eau à vos tonneaux prêts - laissez les tonneaux bien remués, puis laissez l'eau couler lentement dedans, en les remuant tout le temps que l'eau coule, jusqu'à ce qu'ils soient chauds comme du lait, puis arrêtez l'eau, et après les avoir parfaitement remués, mettez la levure et remuez-la jusqu'à ce qu'elle soit complètement incorporée à la matière écrasée, puis couvrez votre tonneau jusqu'à ce qu'il commence à fermenter ou à travailler, puis découvrez-le.

ART. X.

Pour savoir quand le seigle fonctionne bien dans le Hogshead.

Lorsque le seigle écrasé commence à travailler ou à fermenter dans les fûts, soit en un sommet lourd, épais, soit en un léger bouillonnement, les deux étant défavorables ; lorsqu'il s'élève en un sommet épais et lourd, vous pouvez être sûr qu'il y a quelque chose de mauvais, soit dans le grain, soit dans la levure, soit dans le re-froidissement. Lorsque le sommet (tel qu'il est appelé par les distillateurs) apparaît, avec des bulles de la taille d'une noix de muscade, mon-tant et descendant alternativement, avec le som-met ni trop épais ni trop mince, et avec l'appar-ence de vagues, mélangées avec le grain dans la tête de distillation, montant et descendant suc-cessivement, et lorsque vous mettez votre tête au-dessus de la vapeur, et qu'elle vole dans vo-tre nez, aura un effet suffocant, ou lorsqu'elle éteint instantanément une bougie lorsqu'elle est tenue au-dessus d'elle, vous pouvez être assuré, il fonctionne bien.

A partir de ces indications et de l'expérience du distillateur, on peut se faire une idée de l'état de fermentation et de la qualité.

ART. XI.

Pour éviter que les têtes de cochon ne se renversent.

Si la substance est refroidie trop chaude, ou si l'on met trop de levure dans les tonneaux, ils se renverseront, et bien sûr perdront beaucoup d'alcool, pour éviter cela, prenez du suif et frottez l'échine des tonneaux un peu plus haut que ce qu'ils devraient travailler ; cela les empêchera généralement de monter plus haut, mais s'ils se renversent malgré ce remède, alors laissez tomber un peu de suif dans la substance, cela la fera immédiatement couler à une hauteur appropriée.

SECTION IV.

ARTICLE I.

Observations sur la qualité du seigle pour la distillation.

Le meilleur seigle pour la distillation est celui qui est bien mûr, avant d'être coupé et gardé sec jusqu'au battage ; s'il a poussé sur un terrain élevé ou vallonné, il faut donc le préférer, car il est alors plus sain et le grain plus plein que celui produit sur des terres basses et plates, mais très souvent le distillateur n'a pas le choix, il doit prendre ce qui lui convient le mieux ;Il faut cependant prendre grand soin de choisir un seigle sain, qui a été conservé au sec, qui est propre et exempt de coques, et toute sorte de saleté, avantages qui résulteront de l'éventer ou de le passer dans un moulin à vent avant de le hacher.

ART. II.

La façon de hacher le seigle et la taille appropriée.

Les meules du moulin doivent être ébarbées et maintenues bien affûtées pour hacher le seigle destiné à la distillation ; le meunier doit veiller à ne pas tirer sur la roue plus d'eau qu'il n'en faut pour bien faire, et éviter de nourrir abondamment les meules ; parce qu'en tirant une abondante provision d'eau, la roue contraindra les pierres à un mouvement trop rapide, ce qui rendra évidemment nécessaire de les nourrir plus abondamment, ce qui fait qu'une partie sera moulue morte, ou trop fine, tandis qu'une autre partie sera trop grossière, et pas assez brisée, de sorte qu'il y aura une difficulté à échauder - dans cet état, l'échaudage ne sera pas égal, et par conséquent, la fermentation ne pourra pas être aussi bonne ou régulière ; et de plus, comme une partie de la pâte sera simplement aplatie, il sera plus difficile de briser les grumeaux, lorsque vous écraserez et remuerez vos tonneaux. Si les meules sont très aiguës, je recommande que le seigle soit haché très fin, mais en évitant de trop les ensemencer ou de trop appuyer dessus ; mais si les meules ne sont pas aiguës, je recommande que le seigle soit haché à moitié fin. Les distillateurs en général subissent une perte en faisant hacher leur seigle aussi grossièrement que je l'ai observé dans la pratique courante.

ART. III.

Hacher ou moudre le maïs indien.

Le maïs indien ne peut être moulu trop fin pour la distillation.

ART. IV.

Malt

Le malt ne peut pas être trop grossier, à condition d'être homogène - il ne doit pas y avoir de grains fins ou grossiers dans le malt, mais des grains parfaitement identiques et de même qualité. S'il est moulu trop fin, il risque d'être trop échaudé lors du brassage. Le malt ne nécessite pas la moitié de l'échaudage nécessaire au seigle. Laissez le distillateur tenter l'expérience du malt grossièrement puis finement moulu et juger par lui-même.

ART. V.

Comment choisir le malt.

Le malt est choisi pour son odeur douce, son goût moelleux, sa fleur pleine, son corps rond et sa peau fine. On en utilise deux sortes, le pâle et le brun, le pâle étant le meilleur.

ART. VI.

Comment construire un four à malt dans chaque distillerie.

En installant vos alambics, laissez un espace d'environ neuf pouces pour un petit four entre les grands, prolongez-le jusqu'à votre cheminée et montez un entonnoir, là- jusqu'au grenier, puis arrêtez-le - ici construisez le four sur le grenier, environ 4 ou 5 pieds carrés, les murs devant être composés d'une seule brique, 3 pieds de haut - posez le fond avec de la brique, couvrez-le avec un plâtre de mortier, pour empêcher le plancher de prendre feu. Tournez l'entonnoir de la cheminée vers l'intérieur et étendez-le jusqu'au centre du four, couvrez le dessus, en laissant des trous d'aération sur les côtés pour que la chaleur s'échappe. Placez sur le dessus du four une feuille de fer ou d'étain percée de petits trous, trop petits pour laisser passer le malt ; posez le malt sur le dessus de l'étain, lorsqu'il est prêt à sécher. Mettez des charbons de dessous le fourneau de l'alambic dans le petit fourneau menant au fourneau, ce qui chauffera le fourneau et séchera le malt au-dessus, en ajoutant ou en diminuant la quantité de charbons, la chaleur peut être augmentée ou diminuée, selon ce qui est nécessaire. Le malt destiné à la distillation doit être séché sans fumée.

ART. VII.

Houblon.

Privilégiez les houblons de couleur vert vif, à l'odeur douce, et qui ont un effet gommeux ou moite lorsqu'on les frotte entre les mains ou les doigts.

SECTION IV

SECTION V.

ARTICLE I.

Comment commander et remplir l'alambic Singling lors de la distillation du seigle.

Grattez, nettoyez et graissez l'alambic, remplissez-le de bière, et maintenez un bon feu sous lui, jusqu'à ce qu'il soit assez chaud pour le décapiter, en le remuant constamment avec un balai, pour empêcher le grain de coller au fond ou sur les côtés, et de brûler, ce qu'il a très tendance à faire quand la bière est froide, mais quand elle arrive à ébullition, il y a peu de danger, prévenu par le mouvement de l'ébullition ; faites nettoyer le décapiteur - quand il est prêt pour le décapiteur, claquez-le et collez-le ; Maintenez un feu vif jusqu'à ce qu'elle commence à tomber du ver, puis mettez le clapet dans la cheminée, et si le feu est très fort, modérez-le un peu en y jetant des cendres ou de l'eau, pour l'empêcher de jeter la tête, ce qu'elle sera très encline à faire si elle est très pleine, et si elle tourne sous un feu fort, (si la tête vient, ou est jetée, l'esprit restant ne vaudra guère la peine de s'échapper). Lorsqu'elle est assez ronde et qu'elle tourne modérément, surveillez-la pendant une demi-heure ; après quoi, à moins que le feu ne soit très fort, tout danger est écarté.

S'il arrive qu'elle jette la tête, il est du devoir du distillateur de la prendre et de la nettoyer (en lavant la tête et le ver - ce dernier sera plein de substances), de la recouvrir et de la coller - mais dès que la tête est jetée, il faut éteindre le feu et jeter de l'eau dans l'alambic pour l'empêcher de déborder.

Il est important qu'après chaque tirage, ou plutôt avant de commencer un tirage, que le distillateur nettoie soigneusement l'alambic, essuie le fond et le graisse bien, pour éviter qu'il ne brûle et ne roussisse la liqueur.

ART. II.

Mode de gestion de l'alambic double lors de la fabrication du whisky.

Nettoyez et lavez soigneusement l'alambic à double paroi, puis remplissez-le avec les simples et les petits vins restants du tirage précédent, ajoutez-y une demi-pinte de sel et une pinte de cendres propres, ce qui aidera à clarifier le whisky, et une poignée de farine indienne pour empêcher l'alambic de fuir au niveau du robinet ou ailleurs - nettoyez la tête et le ver, mettez la tête, collez-la bien ; mettez le feu et faites-le tourner lentement, et faites couler l'alcool aussi lentement que possible, et conservez l'eau dans le bac de refroidissement aussi froide que possible.

Faites passer la liqueur qui s'écoule du ver à travers une flanelle pour éviter que le jus excédentaire du cuivre et l'huile du grain ne se mélangent à l'alcool. Le premier étant un poison, et le second étant nuisible à la liqueur.

L'alambic de doublage ne peut pas être trop lent pour faire un bon whisky... observez quand la preuve quitte le ver, c'est-à-dire quand il n'y a plus de preuve sur la liqueur telle qu'elle sort du ver, s'il y a dix gallons dans votre fût de doublage, si c'est le cas, sortez-en trois autres, ce qui fera en tout treize gallons de whisky de première preuve. Si la preuve quitte le ver à huit gallons, alors coulez jusqu'à onze gallons et ainsi de suite en proportion de la quantité plus ou moins grande dans votre tonneau au moment de la cessation de la preuve.

ART. III.

Observations sur les avantages de la fabrication d'un whisky fort et de qualité à l'aide de stalles, etc.

Le distillateur qui fait du whisky pour un marché sous le gouvernement des lois d'inspection, trop faible, subit une perte d'un cent pour chaque degré qu'il peut être sous preuve ... et les inconvénients sont augmentés en proportion de l'étendue du transport terrestre. Si la distance est de soixante-dix miles, le prix du transport par gallon sera d'environ six cents, en payant le même prix pour le faible ou le fort ... non seulement l'inconvénient de payer pour le transport des feints ou de l'eau, mais la perte dans les fûts, qui bien que faible en apparence à première vue, pourtant si l'on s'en occupe bien, s'élèvera dans le courant de l'année à une somme de moment pour chaque distillateur ou propriétaire. Pour transmettre mes idées, ou exposer de manière plus complète mes impressions sur la perte réelle d'un chargement de wagon (sur une distance de soixante-dix miles par voie terrestre) de whisky de première qualité, et de neuf degrés de moins. Je fais la déclaration suivante.

300 *gallons de bon whisky première épreuve à 50 cents,*	$ 150
la vente à la sauvette à six cents,	18
	$ 132 00
300 *gallons de whisky à neuf degrés de moins à 41 cents,*	$ 123
haling	18
	$ 105 00

Différence $ 27 00

Cette différence de vingt-sept dollars en faveur du distillateur qui envoie du whisky première épreuve n'est pas le seul avantage, mais il économise en barils ou en fûts ce qui contiendra cinquante-quatre gallons, soit près de deux barils ; ce qui, ajouté au temps économisé, ou gagné en ne produisant que du bon whisky, pour le remplir et le mesurer, le charger, etc. laissera un avantage de, je présume, trois dollars sur chaque chargement. Ou pour vérifier de façon plus satisfaisante, et j'espère que mes lecteurs ne me trouveront pas trop prolixe, car on ne saurait trop se soucier de l'économie dans ce domaine, j'ajoute une déclaration fondée sur le travail d'une année et sur les principes qui précèdent :

Le distillateur de whisky faible, en douze mois, ou un an, distille à raison de 100 gallons par semaine, ou disons dans l'année, il prépare pour un marché à la distance ci-dessus, 5000 gallons, ce qui devrait commander	$ 2,500
Mais il subit une perte ou une déduction de 9 cents,	450

La première perte peut alors être calculée sans risque à hauteur de

$
450

150 barils vides nécessaires pour contenir 5000 gallons, à raison de 33-⅓ gallons par baril, en estimant le baril à 7s et 6d, soit

$ 150

Cette quantité de whisky, une fois réduite à l'état de preuve, est de 4 100 gals. qui n'aurait occupé que 123 barils,

123

———

27

Alors la seconde perte peut être estimée à

$ 27

Il aurait dû fabriquer cette quantité de 4100 gallons en neuf mois et trois semaines, mais nous dirons 10 mois, subissant ainsi une perte de deux mois dans l'année.

3ème poste de perte. Location d'un distillateur pour 2 mois à 12 $.

24 00

4ème do. Loyer de la distill-erie do. à 15 £ par an.	6 66
5e do. Un sixième du bois consommé, (à raison de 100 cordes par an,) 16 cordes,	20 00
6ème do. Un sixième du malt, soit 90 boisseaux,	90 00
7e do. L'usure des alambics, des récipients, etc.	12 34
	$ 630

Il en résulte une perte annuelle totale pour le distillateur imprudent, de six cent trente dollars, et une perte hebdomadaire de douze dollars et trois cents dans le whisky de neuf degrés au-dessous de la preuve - notre neuvième partie de ce chiffre est de soixante-dix dollars, ce qui est la somme de la perte subie sur chaque degré dans cette quantité de whisky.

Ce qui précède, je m'en flatte, ne montrera pas seulement la nécessité du soin, de la propreté, de l'industrie et du jugement, dans le commerce de la distillation ; un commerce que presque tout le monde prétend connaître, mais qui est en réalité toute une science, et si abstruse qu'elle n'est que trop imparfaitement comprise ; et de plus, la valeur du temps, si inestimable en soi, dont l'économie est si rarement observée.

ART. IV.

Distillation du sarrasin.

Le sarrasin est une céréale peu rentable pour les distillateurs lorsqu'il est distillé seul, mais lorsqu'il est mélangé au seigle, il donne un rendement presque égal à celui du seigle ; mais je ne recommanderais en aucun cas son utilisation lorsqu'elle peut être évitée. Cependant, je ne recommanderais en aucun cas de l'utiliser quand on peut l'éviter. Parfois, la nécessité exige qu'un distillateur le broie pendant un jour ou deux, quand il y a un problème ou qu'il est impossible de se procurer du grain. Dans ce cas, on peut suivre les instructions pour la distillation du seigle, ou du seigle et du maïs, mais il faut une quantité beaucoup plus grande d'eau bouillante et s'il est distillé seul ; il est nécessaire de mélanger du son de blé avec lui pour le faire monter jusqu'au sommet de la tête de cochon ; mais il ne faut en aucun cas utiliser de la farine de sarrasin pour faire de la levure.

ART. V.

Distillation des pommes de terre.

C'est une branche de la distillation que je ne saurais trop recommander à l'attention de tous les Américains ; on ne saurait trop étendre la culture de ce précieux végétal, dont la valeur devrait être connue de tous les planteurs, et j'ai été quelquefois surpris qu'on ne le cultivât pas davantage, puisqu'il est notoire qu'il est capable d'entretenir et de servir de nourriture à tout ce qui possède la vie sur cette terre, et qu'il produit une eau-de-vie d'un goût excellent, s'il est bien fait. J'espère encore voir le jour où elle prendra la préséance sur l'eau-de-vie française et l'eau-de-vie des Indes occidentales, et retiendra ainsi dans notre propre pays les sommes immenses qui sont actuellement dépensées pour ces liqueurs étrangères ; lesquelles, bien que bénéficiant du voyage par mer, nous parviennent souvent dans un état des plus nocif, et sont fréquemment adultérées ici.

Si l'on pouvait amener le fermier américain à cultiver une plus grande quantité de pommes de terre qu'il n'en faut pour sa consommation domestique, le prix en serait abaissé, et le distillateur pourrait en commencer la distillation avec plus d'à-propos. Je suis certain qu'elles contiennent une grande quantité d'alcool et un très bon alcool, et de plus, après distillation, elles donneront une aussi grande quantité de nourriture saine pour le bétail ou les porcs que le seigle ou toute autre céréale. Si l'on pouvait amener les distillateurs à tenter l'expérience de distiller dix ou douze boisseaux par an, j'ose prédire que cela deviendrait rapidement une source de profit pour eux-mêmes, d'encouragement pour le fermier, et un avantage pour notre pays en général.

Un acre de terre, s'il est bien cultivé, produira de cinquante à cent boisseaux de pommes de terre, mais disons soixante en moyenne. Cent fermiers qui planteraient chacun un acre, produiraient six mille boisseaux, ce qui donnerait au moins deux gallons d'eau-de-vie par boisseau ; on pourrait ainsi produire douze mille gallons d'eau-de-vie saine, et avec des soins, aussi bonne que nécessaire pour être bue. Chaque fermier procédant de cette manière, aurait cent vingt gallons d'eau-de-vie, autant qu'il peut avoir occasion à utiliser dans l'année, ce qui économiserait le prix de quelques acres de blé ou de cent vingt gallons de whisky de seigle. Chaque acre cultivé en pommes de terre sera plus apte à recevoir une récolte de blé, d'orge, de seigle, ou de toute autre sorte de grain, que toute autre culture. Le fermier reçoit souvent l'avantage d'une double récolte, aux frais des semences et du travail. Elles poussent aussi bien dans tous les sols et sous tous les climats, dans les terres pauvres que dans les terres riches - à condition que le sol mince soit fertilisé et que les pommes de terre soient enduites de plâtre de Paris ; de plus, elles sont plus faciles à préparer pour la distillation que les pommes, le seigle ou le maïs, comme je le montrerai plus loin lorsque je traiterai du mode de préparation ; et afin de démontrer les avantages qui en résulteraient pour le fermier et le distillateur, j'ajoute un état des bénéfices probables de dix acres de pommes de terre, et celui d'un nombre égal d'acres de seigle, pour montrer lequel offre les plus grands avantages.

Pommes de terre	DR.
Dix acres à 60 *boisseaux, c'est* 600 *boisseaux à* 33 *cents.*	$ 198 00
Du seigle.	
Dix acres de seigle, à 30 *boisseaux l'acre, représentent* 300 *boisseaux à* 60 *cents.*	$ 180 00
CR.	
600 *boisseaux donnant* 2 *gallons au boisseau,* 1200 *gallons à* 50 *cents*	600
	$ 402

CR.

300 boisseaux donnant 3 gallons au boisseau, 900 gallons à 50 cents	450
	——
	$ 270
Balance en faveur des pommes de terre	$ 132

Ainsi, un solde de cent trente-deux dollars apparaîtrait en faveur du rendement des pommes de terre.

Je ne prétends pas dire que dix acres de pommes de terre ne demanderont pas plus de travail que dix acres de seigle, mais je me risquerai à dire que les bénéfices provenant de la vente de cette eau-de-vie feront plus que doubler les dépenses supplémentaires pour les élever, sans compter que le terrain sera en bien meilleure condition pour recevoir une récolte de blé, que le terrain de seigle, non, il sera enrichi par la récolte, tandis que le terrain de seigle sera grandement appauvri.

ART. VI.

Reçu pour préparer des pommes de terre pour la distillation.

Lavez-les proprement, et passez-les au moulin à pommes, et si vous n'avez pas de moulin à pommes à portée de main, vous pouvez les ébouillanter puis les piler. Mettez ensuite deux ou trois boisseaux dans un tonneau et remplissez-le presque entièrement d'eau bouillante, et remuez bien pendant une demi-heure, puis couvrez-le jusqu'à ce que les pommes de terre soient ébouillantées et ramollies, Ensuite, remuez-les souvent jusqu'à ce qu'elles soient bien froides, puis mettez dans chaque tonneau environ deux quarts de bonne levure et laissez-les fermenter, ce qui prendra huit ou dix jours. La bière peut ensuite être soutirée et distillée, ou bien mettez la pulpe et tout le reste dans l'alambic et distillez-les comme vous le faites pour les pommes. J'ai connu des pommes de terre distillées de cette façon qui donnaient plus de trois gallons par boisseau.

ART. VII.

Pompons

On peut les préparer de la même manière que les pommes de terre, mais sans les ébouillanter aussi fort et sans utiliser autant de levure.

ART. VIII.

Navets

Elles produisent presque autant d'alcool que les pommes de terre, mais ne sont pas aussi bonnes.

Elles doivent être préparées de la même manière.

ART. IX.

Comment distiller les pommes.

Les pommes doivent être parfaitement mûres pour la distillation, car des essais répétés ont montré qu'elles produisent une meilleure eau-de-vie (ainsi que du cidre) lorsqu'elles sont bien mûres que lorsqu'elles sont prises vertes, ou mélangées avec des pommes non mûres - si elles sont mélangées, il ne sera pas possible de les moudre de manière égale ou fine ; ceux qui sont bien mûrs seront bien moulus, tandis que ceux qui sont durs et non mûrs ne seront guère plus que brisés ou légèrement meurtris, et lorsque ce mélange grossier et fin est mis dans un tonneau pour travailler ou fermenter, celui qui est bien mûr et bien moulu commencera immédiatement, et aura presque, sinon tout à fait fini de travailler avant que l'autre ne commence, et bien sûr, presque tout l'alcool contenu dans le fruit non mûr sera perdu - et si on le laisse reposer jusqu'à ce que le fruit non mûr mal broyé soit complètement fermenté, et qu'il ait fini de travailler, vous remarquerez qu'une grande partie de l'alcool contenu dans le fruit mûr bien broyé est évaporé et bien sûr perdu.

Mais si les fruits sont tous mûrs et broyés uniformément, il va de soi qu'ils fonctionneront régulièrement et qu'ils pourront être distillés dans le bon ordre, ce qui produira la plus grande quantité d'eau-de-vie, bien supérieure à celle produite par des fruits inégaux, mal broyés ou pas mûrs.

Les pommes ne peuvent pas être broyées trop finement.

ART. X.

Comment commander des Pommes dans les Hogsheads.

Quand les pommes sont broyées, mettez-les dans des tonneaux ouverts pour les faire fermenter, en ayant soin de ne pas les remplir trop, sans quoi ils se renverseraient ; mettez-les à couvert, car le soleil les aigrirait trop tôt, si on lui permettait d'opérer sur eux, et par sa chaleur il extrairait une quantité considérable d'eau-de-vie ; si le temps est chaud, ils travailleront assez vite, pourvu que vous ayez une provision suffisante de tonneaux pour tenir vos alambics en bon temps et en bon ordre ; Une vingtaine de tonneaux suffisent pour faire vieillir un alambic de cent dix gallons, si l'on distille la pierre ponce avec le jus, mais si l'on presse les pommes après qu'elles ont travaillé, il faut en avoir trois fois plus.

Par temps chaud, cinq ou six jours suffisent pour que les pommes travaillent, car il est toujours préférable de les distiller avant qu'elles aient fini de travailler, puis de les laisser reposer une heure après la fin de la fermentation.

ART. XI.

Comment travailler les pommes, lentement ou rapidement.

Si les pommes mûrissent trop vite pour vos alambics, ajoutez chaque jour à chaque pomme quatre gallons d'eau de source froide, en la mettant dans un trou fait au centre des pommes, avec un grand bâton de bois rond ; en la mettant ainsi au centre de la pomme, elle refroidira la fermentation, et empêchera ainsi le fruit de mûrir plus tôt qu'il ne convient au distillateur. Mais je pense qu'il est souhaitable que les distillateurs ne prennent pas plus de pommes qu'ils ne peuvent en gérer en temps voulu.

Si le temps est froid et que les pommes ne mûrissent pas aussi vite que vous le souhaitez, ajoutez toutes les douze heures quatre gallons d'eau bouillante ou chaude, ce qui les fera mûrir, si le temps n'est pas trop froid, en quatre jours au plus tard.

ART. XII.

Comment juger quand les pommes sont prêtes pour la distillation.

Mettez votre main au fond du tonneau, parmi les pommes, aussi loin que possible, et sortez une poignée de caramels - pressez-les dans votre main, entre vos doigts, observez s'il y a des trognons, ou des morceaux de pommes non digérés, s'il n'y en a pas, vous pouvez considérer qu'ils sont suffisamment fermentés et tout à fait prêts pour la distillation. On peut également s'en assurer en goûtant et en sentant le cidre ou le jus qui monte dans le trou placé au centre ; s'il a un goût sucré et une odeur forte, il n'est pas encore prêt, mais lorsqu'il est complètement fermenté, le goût sera aigre et l'odeur forte, ce qui est le goût approprié pour la distillation. Il est nécessaire de faire preuve d'un grand discernement pour déterminer avec précision le moment où la fermentation cesse, ce qui est le moment idéal pour la distillation, et je recommande d'anticiper plutôt que de retarder d'une heure après cette période.

ART. XIII.

Comment remplir et ordonner les singlings Still, lors des singlings d'Apple.

Lorsque vous percevez vos pommes prêtes à être distillées, remplissez l'alambic de pommes et d'eau ; en utilisant environ une demi-porte pommes dans un alambic de 110 gallons, le reste étant de l'eau, ayant d'abord bien nettoyé l'alambic, et l'ayant graissé avant de le remplir - mettez le feu sous lui et amenez-le à la tête, aussi vite que possible, en remuant bien le contenu avec un balai jusqu'à ce qu'il soit prêt à la tête, ce dont vous pouvez juger par la chaleur des pommes et de l'eau, qui doit être plutôt chaude pour y porter la main pendant un certain temps. Lavez la tête de l'alambic et le ver proprement, mettez la tête, collez-la, en gardant un bon feu jusqu'à ce qu'elle coure vers le ver ; faites couler 14 gallons rapidement, et récupérez les feintes dans un seau pour les jeter dans l'alambic suivant, si la séparation est encore trop rapide, à condition qu'elle ne fume pas vers le ver. Lorsque le premier alambic est terminé, et avant d'aller le remplir une deuxième fois, tirez ou étendez les charbons qui peuvent se trouver sous lui, dans le fourneau, et remplissez le fourneau de bois. Fermez la porte de votre fourneau et mettez votre registre ; en procédant ainsi, vous refroidissez l'alambic et évitez de le brûler ; ce plan me semble préférable à l'arrosage du feu. Une fois vide, rincez l'alambic à l'eau froide, grattez-le et graissez-le, il sera alors prêt à recevoir une seconde charge.

Il est nécessaire de gratter et de graisser votre alambic chaque fois qu'il est vidé, si cela est négligé, le brandy peut être brûlé et l'alambic endommagé.

ART. XIV.

Comment doubler l'eau-de-vie de pomme.

Remplissez l'alambic de simples et ajoutez une pinte de chaux (ce qui l'éclaircira). Mettez le feu sous l'alambic et faites-le tourner rapidement - après qu'il ait tourné, diminuez le feu et faites-le tourner aussi lentement que possible. Un fonctionnement lent empêchera l'alcool de s'échapper et donnera un meilleur brandy qu'un fonctionnement rapide. Laissez la liqueur filtrer à travers un tissu de flanelle à partir du ver.

ART. XV.

Comment préparer les pêches.

Les pêches, comme les pommes, doivent être également mûres, afin d'assurer une fermentation égale et régulière. En effet, lorsque des fruits mûrs et non mûrs sont jetés dans le même tonneau, et que la distillation est ordonnée de cette manière, il en résulte un désavantage. Je recommande donc aux agriculteurs et aux distillateurs, lorsqu'ils cueillent les pêches, de les trier au moment de les mettre dans les tonneaux, toutes les pêches mûres et tendres peuvent aller ensemble, ainsi que celles qui sont dures et moins mûres - cela permettra une fermentation plus régulière, et même si les pêches dures et moins mûres mettront plus de temps que les pêches tendres et mûres à fermenter, et donneront moins de rendement, l'inconvénient ne sera pas aussi grand que si elles étaient mélangées.

Il faut les broyer dans un moulin avec des noix en métal, afin de bien briser la pierre et l'amande. L'amande ainsi brisée donnera un goût plus fin à l'eau-de-vie et en augmentera la quantité.

Une fois broyées, elles doivent être placées dans des tonneaux et travaillées de la même manière que les pommes, mais distillées plus tôt, car elles perdront beaucoup plus d'alcool que les pommes en restant debout après la fermentation. Il est donc préférable de les distiller peu de temps avant qu'elles ne soient travaillées plutôt qu'après.

ART. XVI.

Comment faire un double et un simple Peach Brandy.

Le même processus doit être observé pour l'écoulement des pêches que pour celui des pommes, sauf que l'alambic doit être moins rapide, qu'il ne faut pas garder autant de feu sous lui et qu'il faut utiliser plus d'eau pour éviter de brûler.

SECTION VI.

ARTICLE I.

La meilleure méthode pour régler les images fixes.

Si les alambics ne sont pas bien réglés, ils peuvent subir de grands dommages, en brûlant et en abîmant les parois, en brûlant le whisky, et en gaspillant du combustible, ce ne sont pas les seuls inconvénients ; mais on peut faire plus de dégâts en six mois, que ce que paierait un homme de jugement pour en mettre vingt paires.

S'ils sont posés avec le fond sur le feu, ils risquent fort de brûler, si le distillateur ne prend pas le plus grand soin de remuer l'alambic lorsqu'il vient d'être rempli de bière froide, jusqu'à ce qu'il soit chaud, et de bien graisser le fond lorsqu'il est vide. Si le bois est abondant, les alambics doivent être placés sur un arc, mais s'il y en a peu, le fond doit être placé sur le feu. La méthode suivante est calculée pour un fourneau de deux ou quatre pieds de long, avec le fond exposé, ou sur une arche, selon la volonté du distillateur.

Préparez une quantité de mortier bien travaillé, composé de la plus grande proportion de bonne argile, d'un peu de chaux et de paille coupée.

Posez le fond du fourneau avec des dalles ou de bonnes briques, de deux à quatre pieds de long, selon ce qui est jugé le plus approprié, qu'il soit de douze à seize pouces de large, et de douze à quatorze de haut. Ensuite, s'il est conçu pour tourner une arche, placez l'extrémité d'une brique sur chaque mur du fourneau, en les appuyant sur le fourneau, jusqu'à ce qu'ils se rencontrent au milieu - continuez ainsi de chaque côté, jusqu'à ce que le fourneau soit complètement couvert, en laissant un petit trou pour le conduit menant à la cheminée derrière, en s'appuyant sur le côté, à partir duquel le conduit doit commencer, pour aller autour de la cale de l'alambic, lequel passage doit être de dix par quatre pouces de large.

Après avoir terminé l'arc comme décrit, posez sur celui-ci un lit complet de mortier, bien mélangé avec de la paille coupée, placez l'alambic sur celui-ci, en le nivelant de façon à ce qu'il se vide presque par le perron vers le coq ; puis remplissez tout autour de lui avec du mortier jusqu'aux rivets inférieurs, en empêchant soigneusement toute pierre ou brique de le toucher, (car ils auraient tendance à le brûler) .... puis construisez la ou les défenses ; il s'agit d'un mur composé de briques et d'argile bien mélangées à de la paille coupée, que vous construisez à partir du début du conduit et que vous poursuivez sur la moitié de la circonférence de l'alambic....Il s'agit d'empêcher les flammes de frapper les parois de l'alambic, à l'état chaud, immédiatement après sa sortie du fourneau, en supposant qu'elles se termineront avant d'atteindre l'extrémité de ce petit mur ou de cette défense, entre lesquels, et l'alambic, un espace de deux pouces doit être laissé pour l'action de la chaleur, lequel espace préserve et empêche le mur ou la défense de brûler l'alambic ; la pratique courante consiste à le placer contre l'alambic, ce qui le brûlera certainement. Lorsque cette défense est terminée, commencez un mur qui se poursuit tout autour, en posant une brique comme fondation, à environ quatre pouces des rivets inférieurs ; élevez ainsi ce mur pour le conduit de fumée, en le poursuivant à une distance égale de l'alambic, en laissant une concavité qui correspond au fond de l'alambic, et qui doit avoir exactement la même largeur et la même hauteur tout autour de l'alambic. Cette précaution est absolument nécessaire pour construire la paroi du conduit de fumée de manière à ce qu'elle corresponde exactement à la forme de l'alambic, et à une distance égale tout autour, pour les raisons suivantes : 1. Le feu agit avec la même force sur toutes les parties de l'alambic, et on peut lui appliquer une plus grande chaleur sans le brûler. 2d. Cela a une grande tendance à empêcher la maison de l'alambic de fumer.

Lorsque le mur du conduit de fumée est terminé autour de l'alambic, et élevé de telle sorte qu'une brique posée sur le haut du mur s'étende jusqu'aux rivets de la poitrine de l'alambic ou aux rivets supérieurs, il faut alors plâtrer complètement et régulièrement l'intérieur du conduit de fumée, puis recouvrir le conduit de fumée d'une couche de briques, avec une légère pente, ou en s'inclinant un peu de l'alambic vers l'extérieur, de sorte que si de l'eau tombait dessus, elle s'écoulerait vers l'extérieur, en posant soigneusement une couche d'argile sur le haut du mur, sur laquelle la brique peut reposer, et ainsi empêcher la brique de brûler l'alambic ; former soigneusement la brique avec la truelle, de façon à ce qu'elle s'adapte au mur et repose plus facilement en toute sécurité - les recouvrir soigneusement d'argile, etc. et en fermant chaque crevasse ou ouverture, pour empêcher la fumée de passer ou la chaleur d'abandonner le conduit jusqu'à ce qu'elle passe du conduit à la cheminée ; remplissez ensuite l'alambic d'eau, et mettez un feu vif sous lui pour sécher le travail. Lorsque le mur commence à sécher, posez une couche de mortier (comme le stipule la recette suivante), d'environ deux pouces d'épaisseur, lorsque celle-ci commence à sécher, posez une couche blanche de mortier de chaux et de sable, en la lissant bien avec une truelle ; frottez-la constamment et pressez-la sévèrement avec la truelle pour l'empêcher de se fissurer.

Il existe de nombreuses façons d'installer des alambics et de faire monter le feu par des conduits de fumée de construction différente, mais j'ai trouvé que le plan ci-dessus permettait une aussi grande économie de combustible et faisait bouillir l'alambic aussi tôt que tout autre.

ART. II.

Comment éviter que les alambics de plâtres ne se fissurent.

Cette méthode de fabrication d'un enduit étanche à l'eau sur les alambics consiste entièrement à fabriquer le mortier et à le mettre en place, ce qui nécessite absolument de l'argile et de la chaux de bonne qualité.

Lorsque le mortier de la première couche est bien travaillé, mettez autant de broc de paille de seigle qu'il est possible d'en mettre, de sorte que lorsque la couche est posée, elle a plus l'apparence de la paille que du mortier, une fois sèche, et recouverte de la seconde couche composée de mortier de chaux, bien frottée et pressée avec la truelle jusqu'à ce qu'elle soit sèche. On trouvera qu'une couverture posée avec ces matériaux restera ferme et compacte sans se fissurer, comme dans le mode commun.

La meilleure méthode pour faire bouillir deux, trois ou plusieurs alambics ou bouilloires avec un seul feu ou fourneau.

Cette méthode s'est avérée efficace dans certains cas, et peut peut-être l'être de manière générale si elle est bien gérée. Je vais donner ici le résultat de mes propres expériences.

J'ai installé un alambic simple contenant 180 gallons sur un fourneau de 18 par 14 pouces, et de 4 pieds six pouces de long, avec le fond vers le feu, il avait une tête et une vis sans fin communes avec des racleurs et des chaînes en elle.

J'ai prolongé le conduit (ou après l'avoir fait passer autour d'elle) jusqu'à l'alambic double qu'il a également contourné, mais pour éviter que trop de chaleur ne passe dans l'alambic double, j'ai fixé un volet dans le conduit de l'alambic simple, immédiatement au-dessus de l'intersection du conduit de l'alambic double, pour faire tourner toute la chaleur autour d'elle, et un autre volet dans le conduit de l'alambic double à l'intersection du conduit de l'alambic simple, pour couper la chaleur de l'alambic double si nécessaire.

Avec cet appareil, j'ai fait sortir six tonneaux par vingt-quatre heures et j'ai doublé la quantité, avec la même chaleur et le même feu. J'avais également une chaudière sous laquelle je maintenais un autre feu, ces deux feux consommant environ trois cordes et demie de bois par semaine, distillant à raison de soixante-cinq boisseaux de céréales par semaine, et produisant environ cent quatre-vingt-dix gallons dans le même temps.

Avant d'adopter cette méthode, j'entretenais quatre feux et fabriquais à peu près la même quantité de whisky, en consommant environ quatre cordes et demie de bois par semaine, et j'étais obligé d'avoir l'aide d'un distillateur supplémentaire par semaine.

Depuis, j'ai entendu parler de l'adoption de ce plan avec plus de succès que je n'en ai connu.

ART. III.

Pour définir un doublage Still.

Comme les alcools peuvent difficilement être brûlés ou flambés dans un alambic double, si cela n'a pas été fait auparavant dans l'alambic simple, la seule précaution nécessaire est de les préparer de la meilleure façon possible pour économiser le combustible et préserver l'alambic. Les instructions données pour la mise en place d'un alambic simple sont supposées être adéquates pour la mise en place d'un alambic double.

Comment empêcher l'alambic de brûler.

Si l'alambic est bien réglé, et s'il est soigneusement graissé avec un morceau de lard, de suif ou de savon dur, chaque fois qu'il est rempli, il brûlera rarement, mais s'il brûle ou se consume malgré ces précautions, il sera conseillé de le démonter et de le remonter dix fois, plutôt que de le faire brûler.

SECTION VII.

ARTICLE I.

Comment clarifier le whisky, etc.

Prenez un vaisseau de la dimension convenable, enlevez-en une extrémité et rendez-le propre, en l'ébouillantant ou autrement ; percez le fond plein de trous, d'un quart de pouce de diamètre ; posez-y trois plis de flanelle, sur lesquels vous étalez du charbon d'érable broyé et de la poussière de brique brûlée, faits à la consistance du mortier, avec du whisky, sur une épaisseur d'environ deux pouces, versez-y votre whisky ou votre brandy, et laissez-le filtrer à travers le charbon, la flanelle, etc. Après quoi, vous constaterez que l'eau-de-vie n'a presque plus de goût ni d'odeur de whisky... Soulevez le tonneau filtrant de manière à laisser la place à un récipient destiné à recevoir l'eau-de-vie.

ART. II.

Comment faire un brandy ressemblant au brandy français, à partir de whisky de seigle ou de brandy de pomme.

Clarifiez le whisky comme indiqué ci-dessus, après l'avoir purifié, ajoutez un tiers ou un quart d'eau-de-vie française, et vous constaterez qu'il ressemble fortement à l'eau-de-vie française en goût et en odeur, et si on le garde quelques années, il sera plus salutaire et plus sain que l'eau-de-vie française seule. Ce mode de clarification débarrasse l'eau-de-vie de toute saveur désagréable reçue au cours de la distillation ou provenant de mauvaises matières, et en outre, de toutes ces propriétés vicieuses et toxiques contractées dans l'alambic ou dans le ver de cuivre, telles que l'huile fétide du malt, qui s'unit fréquemment au vert-de-gris, et se combine si efficacement avec le whisky, qu'il peut être nécessaire de répéter fréquemment ce mode de clarification, pour le débarrasser complètement de toute saveur ou propriété désagréable contractée comme il est dit ci-dessus.

ART. III.

Comment faire un alcool ressemblant à l'alcool de Jamaïque à partir de whisky de seigle.

Cela se fait exactement de la manière décrite dans la recette du brandy français.

ART. IV.

Comment faire une ressemblance avec le Holland Gin à partir de Rye Whiskey.

Mettez du whisky clarifié, avec une quantité égale d'eau, dans votre alambic double, ainsi qu'une quantité suffisante de baies de genièvre, préparées ; prenez une livre de chaux non éteinte, immergez-la dans trois pintes d'eau, remuez bien, puis laissez reposer trois heures, jusqu'à ce que la chaux descende au fond, puis versez l'eau de chaux claire, avec laquelle vous ferez bouillir une demi-once d'ichtyocolle coupée en petits morceaux, jusqu'à ce que cette dernière soit dissoute, puis versez-la dans votre alambic à deux étages avec une poignée de houblon et une poignée de sel commun, mettez la tête et mettez-la en marche ; lorsqu'il commence à couler, prenez le premier demi-gallon (qui n'est pas très bon), et réservez-le pour le prochain alambic que vous remplirez - car le premier coup contient généralement quelque chose qui donnera un goût et une couleur désagréables au gin. Lorsqu'il perd preuve au niveau du ver, enlevez le baril qui contient le gin, et ramenez-le à une force appropriée avec de l'eau de pluie, qui doit avoir été préparée auparavant, en ayant été évaporée et condensée dans l'alambic double et le bac de refroidissement.

Ce gin, une fois affiné et âgé de deux ans, sera égal, voire supérieur au gin de Hollande.

L'ichtyocolle, l'eau de chaux et le sel permettent de l'affiner dans l'alambic, et les baies de genièvre donnent la saveur ou le goût du gin hollandais.

Environ treize livres de bonnes baies suffisent pour un tonneau.

Veillez à ce que le gin, lorsqu'il s'écoule de la vis sans fin, passe à travers un tissu de flanelle, ce qui empêchera de nombreuses particules désagréables de passer dans la liqueur, qui sont contractées dans la condensation, et le jus excédentaire imbibé lors de son passage dans la vis sans fin.

ART. V.

La meilleure méthode pour rendre le pays commun Gin.

Prenez des singlings en quantité suffisante pour remplir l'alambic double, mettez-y dix ou douze livres de baies de genièvre, avec une pelle pleine de cendres, et deux onces d'alun - mettez la perle, et faites-la couler, comme on fait pour le whisky. C'est ainsi que l'on fabrique généralement le gin de campagne, mais il n'est guère supérieur au whisky, sauf en ce qui concerne l'odeur et la saveur.

Je pense donc que la méthode de clarification prescrite doit être appliquée dans toutes les distilleries, dans la mesure où elle est nécessaire pour produire une quantité suffisante de bonne eau-de-vie pour tout marché convenable, c'est-à-dire pour l'approvisionnement de voisins respectables, qui peuvent préférer donner une bagatelle de plus par gallon, que pour les produits courants et pour l'usage domestique. Et de plus, je pense que le distillateur recevra un prix généreux pour l'eau-de-vie clarifiée et pure qu'il pourra envoyer à la vente dans une grande ville marchande, car les brasseurs et autres en ont souvent besoin pour mélanger, brasser, faire des eaux-de-vie à la française et à l'espagnole, et des spiritueux selon la coutume de la Jamaïque. Et après avoir établi une cuve ou trémie de filtration, préparée comme il est dit plus haut, avec des trous, de la flanelle ou de la toile de laine, et beaucoup de charbon de bois d'érable et de poussière de brique brûlée, un distillateur peut toujours trouver le loisir de s'occuper de la filtration ; en effet, il la trouvera aussi simple et facile que le procédé de fabrication du ley à partir des cendres dans le pays pour le savon. Mais je suggère que l'eau-de-vie préparée et clarifiée de cette manière, soit mise dans les fûts les plus doux et les plus purs.

Les barils neufs donneront certainement de la couleur, et peut-être un peu de goût, ce qui nuira à la vente, s'ils sont destinés à un marché urbain commercial, et à la brasserie, ou au mélange avec des spiritueux, dont ils doivent recevoir leur saveur.

Pour mon propre usage, je mettrais cette eau-de-vie dans un beau tonneau doux, et à chaque tonneau j'ajouterais une pinte de blé régulier et bien bruni, non pas brûlé mais torréfié autant que le café.

Le goût de l'eau-de-vie de pêche peut lui être donné par une quantité de noyaux de pêche, séchés, pilés et mélangés dans le tonneau ; de cette façon, ceux qui aiment le goût de l'eau-de-vie de pêche peuvent la boire sans être sujets aux conséquences pernicieuses qui résultent de l'usage constant de l'eau-de-vie de pêche. L'eau-de-vie de pêche, à moins qu'elle ne soit nettoyée de ses propriétés grossières et gélatineuses, ou qu'on lui laisse acquérir quelques années d'âge, a un effet gélatineux sur l'estomac, qu'elle vicie, en détruisant l'effet des sucs salivaires et gastriques, qui ont un effet sur les aliments, semblable à celui de la levure sur le pain, et par ses propriétés singulières, empêche ces sucs d'accomplir leurs fonctions habituelles dans la fermentation des aliments pris dans l'estomac, produisant des matières acides et acrimonieuses, qui dans les climats chauds génèrent des fièvres et des agues. L'eau-de-vie de pomme n'a pas tout à fait un effet similaire mais tout aussi pernicieux, que l'âge élimine généralement - en fait, l'âge en fait une liqueur très fine, et lorsqu'elle est diluée avec de l'eau, elle constitue une boisson très heureuse, donne de la vie et de l'animation aux pouvoirs de digestion, et laisse rarement l'estomac lourd, languissant et croulant. Ces deux boissons (en fait, toutes les boissons alcoolisées) devraient être évitées, lorsqu'elles sont nouvelles, par les personnes d'habitudes délicates et celles qui ne font pas d'exercice physique. Un exercice physique rigoureux et une vie rude permettent généralement à l'estomac de digérer les aliments les plus grossiers avec une liqueur, même nouvelle.

Sur les amendes pour les boissons alcoolisées.

L'ichtyocolle est presque universellement utilisé pour le collage des liqueurs. Prenez environ une demi-once au tonneau - battez-la finement avec un marteau, mettez-la dans un récipient approprié, versez-y deux gallons de whisky, ou une quantité similaire de la liqueur que vous allez affiner, laissez-la tremper deux ou trois jours, ou jusqu'à ce qu'elle devienne assez molle pour être mélangée - puis remuez-la efficacement, Ajoutez le blanc et les coquilles d'une demi-douzaine d'œufs, battez-les ensemble et versez-les dans le tonneau qui doit être affiné, puis remuez-le dans le tonneau, bondez-le légèrement, après avoir reposé trois ou quatre jours, il sera suffisamment affiné et pourra être tiré dans un tonneau propre.

ART. VI.

Sur la coloration des liqueurs.

Une livre de cassonade brûlée dans une poêle presque jusqu'à l'état de cendre, ajoutez une pinte d'eau, qui, lorsqu'elle est remuée, dissout le sucre - une fois dissoute, cette quantité colorera trois barils.

Une pinte de blé bien desséché mise dans un tonneau le colorera, et donnera plus l'apparence d'une couleur naturellement acquise, et un goût ou une saveur vieillie.

ART. VII.

Pour corriger le goût du whisky brûlé.

Bien que cela ne puisse pas être fait efficacement sans clarifier, comme prescrit, mais le thé Bohea corrigera dans une grande mesure une légère brûlure - un quart de livre peut être essayé pour le baril.

ART. VIII.

Pour donner une saveur vieillie au Whisky.

Ce procédé devrait être appliqué par tous les distillateurs et à tout le whisky, et s'il est réalisé avec soin, il rehaussera le caractère et la salubrité des spiritueux domestiques.

On peut le faire en clarifiant les singlings au fur et à mesure qu'ils s'écoulent de l'alambic - faites en sorte que l'entonnoir soit un peu plus large que d'habitude, couvrez-le de deux ou plusieurs couches de flanelle, sur lesquelles vous placerez une quantité de charbon de bois d'érable finement battu, et laissez les singlings filtrer dans votre tonneau de réception habituel. Lorsque vous doublez, mettez de la chaux et du charbon de bois dans l'alambic, et faites couler la liqueur à travers une flanelle. Lorsqu'elle perd sa preuve au niveau du ver, enlevez le tonneau, et faites la preuve avec de l'eau de pluie qui a été distillée. Pour chaque hogshead de whisky, utilisez une livre de thé Bohea, et mettez-le au soleil pendant deux semaines ou plus, puis mettez-le dans une cave fraîche, et quand il sera froid, il aura le goût et la saveur du vieux whisky. Si cette méthode était suivie par les distillateurs et les spiritueux fabriqués à partir de la 2e et de la 3e preuve, ce ne serait pas seulement un avantage pour le vendeur, mais aussi pour l'acheteur et le consommateur - et si un distillateur particulier suivait cette méthode et marquait ses fûts, cela rehausserait le caractère de sa liqueur, et lui donnerait un tel ascendant qu'il empêcherait la vente de toute autre, au-delà de ce que la pénurie ou une urgence pourrait entraîner dans une ville commerciale.

Si les distillateurs pouvaient commodément placer leur liqueur dans un grenier élevé, et la faire tomber dans la cave par un tuyau, elle serait grandement améliorée par la friction et l'ébullition occasionnées par la descente et la chute.

SECTION VIII.

ARTICLE I.

Observations sur la météo.

Certaines saisons sont plus propices à la fermentation que d'autres. Si une tempête de grêle se produit en été, le distillateur doit se garder de refroidir avec de l'eau dans laquelle la grêle est dissoute, car cela ne fonctionnera pas bien.

Si un coup de tonnerre survient au moment où les fûts sont dans leur état de fermentation le plus élevé, le travail cessera presque, et la substance commencera à contracter une acidité. Et lorsque, au printemps, le gel sort du sol, il est malheureux que le distillateur soit obligé d'utiliser de l'eau imprégnée des fusions du gel, ce qui est très nuisible à la fermentation - Ces changements et événements doivent être bien marqués, afin de pouvoir prendre des dispositions contre leurs effets. Cela sera difficile sans l'aide d'un baromètre, pour déterminer les changements de temps, d'un thermomètre, pour déterminer correctement la chaleur de l'atmosphère, et pour permettre de maintenir un milieu et une température de l'air dans la distillerie ; L'observation permet d'acquérir la connaissance du degré de chaleur ou de réchauffement dans lequel le moût fermente le plus avantageusement dans les cuves de fermentation. Une fois cette connaissance acquise, le distillateur peut, dans une maison fermée et suffisamment ventilée, munie de fenêtres pratiques, maintenir en permanence le degré ou la température de l'air le plus propice à la fermentation, en ouvrant ses fenêtres ou ses portes pour laisser entrer l'air, comme correctif, ou en les gardant fermées en fonction de la froideur du temps :-Et un hydromètre, utile pour mesurer et vérifier la quantité d'eau. Les instructions pour le maniement de ces instruments les accompagnent généralement, il n'est donc pas nécessaire que j'entre dans les détails à ce sujet. -Mais il est absolument nécessaire que le distillateur soigneux et scientifique les possède, surtout les deux premiers, pour se prémunir contre les changements de temps, et préserver l'atmosphère dans la distillerie, toujours aussi chaude.

ART. II.

Observations sur l'eau.

Les distillateurs ne peuvent pas être trop pointilleux dans le choix d'une bonne eau de distillation, lorsqu'ils sont sur le point de construire des distilleries.

N'importe quelle eau conviendra pour l'utilisation des bacs de condensation ou des refroidisseurs, mais il existe de nombreuses sortes d'eau qui ne répondront pas à l'objectif de brassage ou de fermentation de manière avantageuse ; parmi celles-ci, on trouve l'eau de neige et l'eau calcaire, qui possèdent toutes deux des propriétés telles qu'elles nécessitent un cinquième de grain en plus pour produire la même quantité de liqueur que celle qui serait produite en utilisant l'eau de rivière.

Toute eau qui dissout le savon, se lave bien avec du savon ou produit une bonne mousse pour le rasage répondra aux besoins du distillateur.

L'eau de rivière ou de ruisseau est la meilleure pour la distillation, sauf si elle est mélangée à de la neige ou à de l'eau de terre provenant d'un sol argileux ou labouré. S'il n'est pas possible de se procurer de l'eau de rivière ou de ruisseau, celle d'un étang, alimenté par une source, si le fond n'est pas très boueux, fera l'affaire, car l'exposition au soleil aura généralement corrigé les propriétés défavorables à la fermentation. L'eau très dure tirée d'un puits profond, jetée dans une citerne ou un réservoir et exposée au soleil et à l'air pendant deux ou trois jours, a été utilisée avec succès pour le brassage, avec une petite addition de grain haché ou de malt. Je considère l'eau de pluie comme la plus proche de l'eau de rivière pour le brassage et la fermentation. La montagne, l'ardoise, le gravier et l'eau courante sont tous préférables au calcaire, à moins qu'il ne soit imprégné de minéraux, dont beaucoup sont totalement incompatibles avec la fermentation. A quelques exceptions près, j'ai trouvé le calcaire et toutes les eaux de source trop durs pour le brassage, l'échaudage ou la fermentation.

ART. III.

Précautions contre le feu

On ne saurait trop s'en occuper. Le magasin ou la cave où l'on conserve le whisky doit être situé à une certaine distance de la distillerie, la liqueur doit y être déposée, et tous les travaux nécessaires doivent être effectués de jour, afin d'éviter tout danger possible dû aux bougies ou aux lampes, qui ont été à l'origine de nombreuses et graves calamités. Supposons que la cave ou le lieu de dépôt soit pénétré la nuit par une personne munie d'une lampe ou d'une bougie, et qu'un tonneau qui fuit attire son attention, en corrigeant la fuite, elle peut poser sa lampe sur le sol couvert de whisky, ou elle peut laisser tomber par hasard une goutte d'huile brûlante sur un petit jet de whisky, qui se communiquera comme de la poudre à canon, et pourra provoquer une explosion, qui peut, selon toute probabilité, détruire le stock en main, la maison, et la vie de l'individu.-Sur ce sujet, il n'est pas nécessaire que j'en dise beaucoup, car chaque personne employée dans une distillerie doit avoir une certaine connaissance de la valeur de la vie et des biens.

SECTION IX.

ARTICLE I.

Le devoir du propriétaire d'une distillerie.

L'objectif principal et premier du propriétaire d'une distillerie est le gain ou le profit - et le second, il est naturel, devrait être l'acquisition d'un caractère ou d'une réputation pour sa liqueur, et un désir de surpasser les distilleries voisines - dans les deux cas, la négligence et la paresse assureront la déception.

Le propriétaire actif, propre, assidu et attentif utilise les moyens suivants.

Premièrement. Il fournit à sa distillerie du bon grain sain, des tonneaux, des fûts, des entonnoirs, des balais, du malt, du houblon, du bois, etc. dont il dispose en abondance, bien manipulés et en bon état. Il se munit également d'un hydromètre, d'un thermomètre, et surtout d'un baromètre, en observant dûment les instructions qui accompagnent chacun d'eux, leur utilité et leurs usages particuliers.

Deuxièmement. Il veille à ce que son distillateur fasse son devoir, ce dont il ne peut être assuré qu'en se levant à quatre heures, hiver comme été, pour voir si le distillateur est debout et à son affaire, et si tout va bien, et pour préparer toutes les choses et tous les articles nécessaires, pour assister et voir les porcs nourris, et que la potale ou le slop soient froids lorsqu'ils sont donnés, et que le bétail soit soigné, que les alambics ne brûlent pas, que les fûts ne fuient pas, &c. &c. Il observe le baromètre, signale tout changement de temps et fait preuve d'une attention soutenue, s'assurant que tout est parfaitement en ordre et imposant tout changement qu'il juge nécessaire.

D'autre part, l'indolence engendre l'indolence - le propriétaire qui dort jusqu'après le lever du soleil donne à son distillateur et à son personnel un exemple qui est trop souvent suivi - la distillerie se refroidit faute d'un feu régulier - les cuves cessent de fonctionner ou de fermenter, ce qui a pour conséquence qu'elles ne produisent pas autant de whisky - et il en résulte un préjudice général. Et il arrive souvent que pendant un, deux ou trois jours de la semaine, le distillateur ait besoin de grain, de bois, de malt, de houblon ou d'autres produits nécessaires, et peut-être que toutes ces choses manquent le même jour... et bien sûr, le distillateur reste inactif. Le bétail, les porcs, etc. en pâtissent ; et de ce mode de gestion irrégulier, j'ai vu le propriétaire perdre de l'argent, perdre sa réputation, et rarement attribuer l'effet à la bonne cause.

Système et méthode.

L'observation minutieuse d'un système et d'une méthode est nécessaire dans toutes les branches de l'activité économique, et sans laquelle aucune ne réussit aussi bien.

Et tandis que le propriétaire industrieux, attentif et propre, peut avec certitude, calculer sur un beau profit et certains avantages à résulter de cette entreprise. Celui qui se conduit avec négligence, peut tout aussi bien compter sur une perte générale.

ART. II.

Le devoir d'un distillateur engagé

Il doit se lever à quatre heures tous les matins. Laver et nettoyer la chaudière, la remplir d'eau propre, mettre du feu sous elle, et nettoyer, remplir et mettre du feu sous l'alambic de séparation - recueillir et mettre en ordre pour le brassage, ses têtes de bétail - et dès que l'eau est assez chaude dans la chaudière, commencer le brassage, qu'il doit terminer le plus tôt possible dans la journée ; En effet, une fois le brassage terminé, il aura le temps d'ébouillanter et de nettoyer ses récipients, de s'occuper de son alambic à deux ou trois étages, d'aller chercher du bois pour le lendemain et de préparer son stock de levure, s'il en manque. En bref, le distillateur doit avoir terminé son empâtage à midi tous les jours, voir et avoir sous les yeux tout ce qui se trouve dans l'alambic en même temps ; mais il ne doit jamais essayer de faire plus d'une chose à la fois - un distillateur ne doit jamais être pressé, mais toujours occupé. J'ai toujours remarqué que le distillateur agité et instable tente de faire deux ou trois choses à la fois, et que son entreprise est rarement dans le même état d'avancement que le personnage méthodique et stable.

SECTION X.

ARTICLE I.

Bénéfices d'une distillerie commune.

Bénéfices provenant d'une distillerie avec deux alambics communs, l'un contenant 110 gallons, et l'autre 65 gallons, qui est bien conduite pendant 10 mois. Les calculs sont basés sur un site distant d'environ 60 miles du marché. La déclaration suivante tient dûment compte de la hausse et de la baisse des marchés. Le prix de vente du whisky régulera toujours le prix du grain, les salaires du distillateur, les prix du malt, du houblon, du transport, etc. est plutôt au-dessus qu'au-dessous du pair.

Distillerie, Dr.

Pour 1077 boisseaux de maïs, à 50 cents le boisseau, c'est	$ 538 50
533 boisseaux de seigle, à 60 cents	309 80
96 boisseaux de malt, à 70 ditto	67 20
1706 boisseaux au total.	
60 livres de houblon à 25 cents la livre	15

100 cordes de bois, à 2 dollars	200
Salaire du distillateur par an et pension de famille	204 70
Transport de whisky, à 4 cents le gallon.	204 70
50 porcs pauvres à 4 dollars chacun	200
	$ 1739 90

Contra Cr.

Par 5118 gallons de whisky, à 59 cents le gallon.	$ 2559
50 porcs gras à 7 dollars chacun	350
	$ 2939
En laissant un solde de	$ 1143 10

Je n'ai rien facturé pour le transport des céréales, etc., car la nourriture ou la nourriture pour les vaches laitières, le jeune bétail et le bétail engraissé feront plus que payer cette dépense.

Une estimation des bénéfices découlant d'une distillerie brevetée, (col. Anderson's patent improved) 1 alambic de 110 avec une tête brevetée, 1 alambic de 85 gallons pour un alambic double, et une chaudière en métal, contenant 110 gallons.

Distillerie, Dr.

A 2454 boisseaux de maïs, à 50 cents le boisseau	1227
1216 do. de seigle, à 60 cents do.	729 60
200 do. de malt à 70 cents do.	140
3870	
120 livres de houblon, à 25 cents la livre	30
100 cordes de bois, à 2 dollars la corde	200
2 distillateurs : salaire, pension, etc.	400
Transport de whisky, par gallon à 4 cents	464 40
120 pauvres porcs à 4 dolls. Chacun	480
Total des dépenses	$ 3671

	Contra, Cr.
De 11610 gallons de whisky, à 50 cents le gallon.	$ 5805 50
120 porcs gras, à 7 poupées. chacun	840
	$ 6645 50
Un bénéfice clair,	$ 2974 50
Bénéfice d'une distillerie commune	1148 10
Balance en faveur d'une distillerie brevetée	$ 1826 40

Pour faire l'affaire d'une distillerie brevetée ou pour l'exploiter de manière avantageuse, il faut un peu plus de capital au départ, mais que ce soit la distillerie brevetée ou la distillerie ordinaire, après deux ou trois mois d'exploitation, gérée par un commerçant attentif et vif, elle se maintiendra ou se maintiendra en activité.

Là où le bois est rare et l'argent abondant, la distillerie brevetée est certainement à recommander, en fait, dans tous les cas, je la recommanderais, si le propriétaire a assez d'argent.

C'est de loin la plus rentable, et elle se généralisera tôt ou tard dans ce pays.

ART. III.

De porcs.

L'élevage, l'alimentation et l'engraissement des porcs à la potale, une activité poursuivie et dont on parle beaucoup, mais d'après mon expérience, j'ai découvert que peu de bons porcs peuvent être élevés entièrement à la potale - car elle a tendance à trop gratter et à s'écorcher ; mais après avoir été sevrés et un peu habitués à la bouillie, ils se développeront bien.

Si un porc, par un matin froid, se précipite vers un abreuvoir rempli de boue presque bouillante, et qu'il a très faim, sa nature est si gloutonne et si vorace qu'il lui faudra plusieurs bouchées avant de ressentir les effets de la chaleur, et de risquer de s'ébouillanter la bouche, la gorge et les entrailles, ce qui peut être suivi de mortification et de mort ;-En outre, l'alimentation chaude est la cause de tant de décès et de porcs malsains et de mauvaise mine dans certaines distilleries, ce que l'on pourrait éviter en prenant soin de nourrir ou de remplir les auges avant que le liquide bouillant ne sorte de l'alambic.

Un distillateur ne peut pas être trop prudent avec ses porcs, car avec des soins, ils seront le stock le plus productif qu'il puisse élever, et sans soins, improductifs.

Les déchets des distilleries et des moulins ne peuvent être utilisés plus avantageusement que dans l'élevage des porcs - ils sont prolifiques, arrivent à maturité en peu de temps et sont toujours en demande. Le porc se vend généralement plus cher que le bœuf, et le lard se vend plus cher que le suif ; il est inutile que j'entre dans les détails de la valeur du porc et de chaque partie de cet animal ; presque tout le monde connaît leur grande valeur et leur utilité.

Les enclos et les abreuvoirs des porcs doivent être maintenus propres et en bon état, et la saumure salée deux ou trois fois par semaine ; pendant l'engraissement, les porcs doivent être gardés dans un enclos fermé et, en été, un endroit où ils peuvent se vautrer dans l'eau.

Les porcs nourris à la potasse ne doivent pas rester dehors la nuit, car la rosée, la pluie et la neige leur font du tort. En fait, leur aversion pour le mauvais temps est telle que lorsqu'il arrive, ou qu'il ne s'agit que d'une forte averse, ils s'enfuient à toute vitesse, chacun essayant d'être le premier, tous criant continuellement, jusqu'à ce qu'ils atteignent leur étable ou leur abri.

À l'âge de neuf mois, cet animal copule pour la première fois, et souvent plus tôt, mais il est préférable d'éviter l'engendrement jusqu'à l'âge de dix-huit mois, car à un âge plus précoce, la portée est uniformément petite et faible, et souvent elle ne survit pas, sans compter que la croissance est compromise. Il est donc préférable de ne pas mettre une truie à la reproduction avant l'âge de 18 à 24 mois.

La truie passe quatre mois avec le porc, et donne sa portée au début du cinquième mois ; peu après, elle encourage et reçoit le verrat, et produit ainsi deux portées dans l'année. J'ai connu un exemple de trois portées produites dans l'année par une seule femelle.

Une truie ne devrait pas être autorisée à allaiter ses porcs plus de deux ou trois semaines, après quoi huit ou neuf seulement devraient être laissés avec elle, les autres étant vendus, envoyés au marché ou tués pour être utilisés - à l'âge de trois semaines, ils sont propres à la consommation, si la truie est bien nourrie. Quelques truies serviront, et celles qui sont gardées pour la reproduction, bien sélectionnées dans la portée, le résidu, coupé et évasé. L'éleveur a intérêt à se procurer de bons porcs, et d'une bonne race, dès le départ. Même si la dépense et la difficulté peuvent sembler importantes au départ, l'élevage sera le même, et le produit peut-être cinquante pour cent plus élevé.

Après le sevrage des porcs, il faut les nourrir pendant les deux premières semaines avec du lait, de l'eau et du son, après quoi on peut utiliser de la potasse à la place du lait. Je recommanderais un peu de potale mélangée dès le début, et je l'augmenterais de manière à les habituer progressivement à la bouillie.

ART. IV.

Des maladies des porcs.

La seule maladie que je connaisse qui semble être propre aux porcs est une sorte de lèpre, communément appelée rougeole ; lorsqu'elle les saisit, ils deviennent ternes et somnolents, si on leur tire la langue, on trouve le palais et la gorge pleins de taches noirâtres, qui apparaissent aussi sur la tête, le cou et sur tout le corps ; la créature peut à peine se tenir debout, et la racine de ses poils est ensanglantée. Comme ce désordre provient principalement de leur gloutonnerie et de leur saleté, et de la consommation chaude de potale et de slop ; pour y remédier, il serait recommandable de les nourrir de potale froide, ou de lait à peine chaud, de les garder propres, de mélanger de temps en temps du sel avec le potale-tar leur auge une fois par mois, et de leur donner un peu d'antimoine moulu.

Dans l'engraissement des porcs, je les ai vus s'améliorer rapidement après avoir mangé les cendres chaudes d'un tas de broussailles fraîchement brûlées. Les cendres de caryer ou de saule ont un effet destructeur sur les vers, et je pense qu'il faut les utiliser, ils les mangent sèches, quand on les met dans leurs auges.

ART. V.

Sur l'alimentation des bovins et des vaches laitières.

La potale est un grand créateur de lait, et augmentera grandement la quantité chez les vaches qui produisent du lait, mais qui ne sont pas aussi bonnes. Les jeunes bovins se portent très bien s'ils reçoivent du foin ou de la paille pendant la nuit. Pour engraisser le bétail, il faut mélanger à la bouillie un peu de farine d'huile, de graines de lin hachées ou de maïs haché. Le bétail nourri au potage doit recevoir beaucoup de sel. La potée chaude abîme leurs dents.

<u>SECTION X</u>

SECTION XI.

ARTICLE I.

Observations sur la construction de distilleries.

Ceux qui sont sur le point d'ériger des distilleries, ont un beau sujet à considérer ; les avantages et les inconvénients probables qui peuvent découler de la construction sur un site particulier, ou un siège. La contiguïté d'un moulin à café est une considération importante - Le bois, qui est un article important, doit être pris en considération - Les céréales méritent également une grande attention. L'eau, qui est loin d'être l'ingrédient le moins important, devrait être bien analysée ; et on devrait réfléchir à la question d'un marché pour le whisky, les spiritueux et la viande de porc produits par l'établissement.-Et si l'eau s'avère bonne, douce et propre à la fermentation, qu'on puisse la broyer au-dessus de la tête, que le moulin à couper ne soit pas très incommode, que le bois soit commode et bon marché, que le grain soit abondant et à des prix raisonnables, et qu'il y ait un marché dans un rayon de cent milles, je ne doute guère qu'avec une bonne économie et l'observation du système, l'établissement ne soit très productif, et qu'on puisse y progresser avec gaieté, et avec l'espoir raisonnable d'une juste rétribution pour le propriétaire.

Un siège approprié étant fixé, avec une chute suffisante pour amener l'eau au-dessus de la tête, car c'est très matériel, et une immense économie de travail-matériel, car il empêche une perte, dans le fonctionnement des alambics, de pompage ou de manque d'eau dans les cuves de refroidissement. La taille de la maison suit, car elle nécessite un calcul plus que d'habitude - les maisons sont généralement trop petites, ce qui entraîne de grands inconvénients et empêche de porter une attention particulière à la propreté, qui est un élément très important du processus de distillation. Je recommanderais une taille suffisamment grande pour trois alambics, et pour broyer six hogsheads par jour - un des alambics améliorés du col. En tout cas, je recommanderais la préparation d'un espace suffisant pour trois alambics, même si l'intention du propriétaire est de n'en ériger que deux, car il est très probable qu'après avoir acquis de l'expérience, il décide de poursuivre l'activité de façon plus extensive et d'ajouter l'alambic breveté.

La taille ainsi établie, je recommanderais que l'étage inférieur ait une hauteur de 10 pieds, ce qui laissera de la place pour que l'air chauffé ou raréfié monte en été au-dessus de l'air plus frais et plus nécessaire pendant la saison chaude de l'année, et empêchera l'effet désagréable d'un air trop chaud sur les cuves de moût, et l'ensemencement de la substance en fermentation - et de plus, empêchera les effets désagréables de la fumée sur les yeux des distillateurs. Mais il est important que la maison soit érigée sur un terrain plat, avec des portes opposées l'une à l'autre, avec beaucoup de fenêtres pour permettre un courant d'air et un recours à l'air, à volonté, pendant la saison chaude ; et pour qu'en hiver elle puisse être fermée et conservée parfaitement chaude - pour cela, il est très opportun que l'étage inférieur soit bien construit avec de la pierre et de la chaux, et soigneusement plâtré - les fenêtres bien vitrées, avec des volets, etc. Ainsi pourvu, et un thermomètre placé au centre de la maison, une température appropriée peut être maintenue dans l'air de la maison - car il y a un certain degré de chaleur qui dépasse pour la fermentation - ce degré de chaleur, alors correctement déterminé par le distillateur, il peut par une attention particulière à ses devoirs, les feux et le thermomètre, toujours garder l'air de la maison dans presque ce même état et le plus approuvé ; et même par une observation bien chronométrée se prémunir contre les tempêtes et les pertes. Pour réaliser ce grand et important objectif, certains ont divisé les alambics, en plaçant la chaudière à une extrémité, et un alambic simple et double à l'autre ; ce mode assurera, par temps froid, le succès de la mesure de façon plus complète ; d'autres ont placé tous les alambics au centre du bâtiment - un plan qui fonctionnera mieux en hiver qu'en été, et que je considère moins favorable que celui de les diviser.

Pendant l'hiver, le côté nord ou nord-ouest de la maison devrait être maintenu assez proche, permettant à la maison d'être éclairée par l'exposition sud, plus tempérée. A mon avis, il est conseillé de calculer les volets des fenêtres pour qu'ils s'ouvrent par charnières, ou pour qu'ils puissent être enlevés entièrement en été, à volonté.

SECTION XII.

ARTICLE I.

Sur les vins.

Je suppose que cet ouvrage peut être rendu plus désirable aux fermiers, par l'introduction de quelques recettes pour faire du vin domestique à partir des raisins de haie communs, ou tels qu'ils sont communs sur les lignes de clôture et sur les terrains riches élevés, et qui sont agréablement aromatisés après avoir reçu le gel, et aussi pour faire du cidre dans le meilleur mode de conservation. J'en ai extrait quelques-unes de divers auteurs.

Reçu pour la fabrication de vin domestique à partir du raisin bleu d'automne.

Vers la fin de septembre ou vers les premières gelées blanches, cueillez les raisins qui poussent chez nous le long des vieilles clôtures et des haies - cueillez tous les raisins des tiges qui sont juteux, en donnant deux boisseaux ainsi cueillis, un peu entassés, au tonneau. Écrasez-les bien entre vos mains en petits paquets, soit dans des poêles de terre, soit dans de petits récipients commodes - mettez-les ensemble dans un baquet, et ajoutez un peu d'eau pour tremper la pierre ponce.... Après les avoir bien remués ensemble, pressez la pierre ponce de la liqueur avec vos mains, aussi proprement que possible - puis passez le jus à travers un tamis à cheveux. Si le jus ne semble pas avoir été entièrement extrait de la pierre ponce après un seul trempage et un seul pressage, mettez de l'eau sur la pierre ponce et pressez-la à nouveau ; veillez à ne pas ajouter trop d'eau, de peur qu'il n'y en ait plus que le tonneau ne puisse en contenir. Si, après avoir ajouté tous les ingrédients, le tonneau n'est pas plein, on peut alors le remplir d'eau. À la liqueur ainsi préparée, ajoutez deux livres de bon sucre brun, propre, riche et à bas prix, par gallon, en le remuant dans le baquet jusqu'à ce que tout le sucre soit dissous ; laissez-le dans le baquet, et dans un jour ou deux il fermentera, et l'écume montera à la surface, qui doit être soigneusement écumée - mettez ensuite le vin dans un beau tonneau propre - ne le bondez pas hermétiquement. Il y a généralement une fermentation dans le vin au printemps suivant, lorsque les vignes sont en fleur, mais le soutirer juste avant cette saison l'empêchera de trop travailler. Si vous voulez qu'il soit rapidement mûr pour l'utilisation, mettez un quart de bonne vieille eau-de-vie dans le baril après l'avoir soutiré, et donnez-lui de l'air en laissant la bonde assez lâche.

Ce mode de fabrication du vin pour l'usage domestique, est commode et peu coûteux pour ceux qui ont le pouvoir de fabriquer du sucre d'érable. Mais la bonne ménagère ou les maris ingénieux sauront, je l'espère, imaginer un moyen plus propre de comprimer le jus du raisin, car le presser à la main semblerait moins propre, bien que la fermentation nettoie généralement suffisamment.

Vin de groseille

est géré de la même manière. La même quantité de sucre est supposée répondre - Le jus est généralement bien filtré à travers des tissus, et quand il est bien remué, etc. avec le sucre, et soigneusement soutiré, il est mis dans un grenier pour mûrir, dans des fûts doux.

ART. II.

Mode d'emploi pour la fabrication du cidre, mode britannique.

Après avoir été jetées en tas, les pommes doivent toujours être protégées des intempéries. Plus le cidre est fait tard, mieux c'est, car le jus est alors plus parfaitement mûr et il y a moins de danger de fermentation à craindre. Rien ne fait plus de mal au cidre qu'un mélange de pommes pourries avec le son. Les pommes doivent être broyées de façon à briser les graines qui donnent à la liqueur une agréable amertume. La pierre ponce doit être pressée à travers des sacs de cheveux, et le jus doit être filtré à travers deux tamis, le plus haut en cheveux, le plus bas en mousseline. Après cela, le cidre doit être mis dans des fûts ouverts, où une grande attention est nécessaire pour découvrir le moment exact où la pierre ponce restant encore dans le jus, monte sur le dessus, ce qui arrive du troisième au dixième jour, selon que le temps est plus ou moins chaud. Ce corps ne reste pas plus de deux heures sur le dessus ; il faut donc avoir soin de tirer le cidre avant qu'il ne coule, ce qui peut se faire au moyen d'un bouchon. Une fois soutiré, le cidre est mis en fûts. Une attention particulière est à nouveau requise pour empêcher la fermentation, dès que l'on constate la moindre tendance en ce sens. Pour ce faire, on peut utiliser une petite quantité d'alcool de cidre, environ un gallon par tonneau. En mars, le cidre doit être à nouveau soutiré, lorsque tout risque de fermentation a cessé. Ensuite, il faut le mettre dans de bons fûts doux, et dans trois ans, il sera prêt à être mis en bouteille. Il faut préférer les vieux fûts à vin ; ceux qui contiennent du rhum sont ruineux pour le cidre. On peut faire de grands récipients en terre, avec ou sans glaçure, qui sont préférables à tous les récipients en bois. Si l'on compare cette méthode à la façon hâtive dont les Américains fabriquent le cidre, il n'y a pas lieu de s'étonner que le cidre anglais surpasse si infiniment le nôtre.

ART. III.

Voici une méthode américaine de fabrication du cidre très appréciée.

Veillez à ce que tous les ustensiles nécessaires à l'opération soient parfaitement propres et exempts de toute odeur étrangère. À cette fin, avant de commencer votre travail, faites en sorte que votre moulin, votre auge et votre presse soient parfaitement propres, en les lavant soigneusement, et si nécessaire, avec de l'eau bouillante. Les tonneaux sont un autre objet matériel, et s'ils sentent le moisi, ou toute autre mauvaise odeur, il faut en retirer une extrémité, et brûler l'intérieur avec des copeaux ; puis les frotter, et les mettre dans la tête, les ébouillanter bien ensuite, et les égoutter parfaitement ; quand ils sont secs, les boucher hermétiquement et les garder dans un endroit frais et ombragé jusqu'à ce qu'on veuille les utiliser.-Les pommes doivent être bien mûres, et toutes celles qui ne sont pas mûres et qui sont pourries, les feuilles, et tout ce qui peut tendre à donner au cidre un goût désagréable, doivent en être soigneusement séparées. J'ai constaté, par une attention minutieuse et de nombreuses expériences, qu'il est très avantageux pour le cidre d'être séparé des parties grossières le plus tôt possible ; à cette fin, j'ai essayé plusieurs méthodes : celle qui m'a semblé réussir le mieux, je vais maintenant la raconter, car en la suivant, j'ai pu conserver mon cidre dans un bon état, bien qu'il ait été fait au début de la saison. J'ai pris un grand tuyau d'environ 150 gallons, j'ai fait enlever une des têtes, et à l'intérieur de l'autre, j'ai posé sur le bord quatre bandes de planches de deux pouces de large, et sur ces bandes j'ai placé un faux fond, rempli de trous de vrille de trois pouces de côté. Sur ce faux fond, j'ai mis une toile à poils (une vieille couverture ou une corde à linge fera l'affaire) afin d'empêcher le sable de s'infiltrer dans l'espace entre le vrai et le faux fond ; je me suis procuré une quantité de sable grossier, que j'ai soigneusement lavé dans des eaux répétées, jusqu'à ce qu'il ne décolore pas l'eau propre - puis j'ai séché le sable, je l'ai mis dans le tuyau, sur la toile à poils (couverture grossière ou corde à linge) d'environ 9 pouces d'épaisseur.

Tout étant ainsi prêt, je procédai à la fabrication aussi rapidement que possible, en faisant moudre les pommes de bonne heure le matin, en les mettant dans le pressoir aussi vite qu'elles étaient broyées, puis en pressant le jus en quantité suffisante, et en le mettant sur le sable dans le tonneau (j'avais auparavant percé un trou dans le côté du tonneau), entre le vrai et le faux fond, dans lequel j'introduisis une grande plume d'oie, bouchée par une autre. Le tuyau était placé si haut qu'il y avait un tonneau en dessous, pour recevoir la liqueur qui s'écoulait de la plume. Si l'on s'y prend bien, la liqueur sera parfaitement bonne et, placée dans une cave fraîche et fermée, elle se conservera bien et sera d'excellente qualité.

Ce procédé est facile, et tout le monde peut l'exécuter, car la liqueur, débarrassée de ses féculences grossières, n'entrera pas dans cette fermentation violente, si destructive de la fine saveur vineuse, qui rend le bon cidre si agréable à boire.

Question. Un quart de bonne eau-de-vie de pomme pour chaque baril de cidre, fabriqué de cette manière, n'empêcherait-il pas toute fermentation ?

Mais on croit généralement que le cidre est meilleur parce qu'il a subi une fermentation, et qu'il devient alors plus actif et plus léger ; on a constaté que le cidre qui a subi une condensation, ou qui a été bouilli jusqu'à ce qu'il soit fort, se conserve sain pendant un certain temps, mais il est trop lourd et destructeur de l'appétit, il gèle les forces digestives.-Et par un usage trop fréquent, je pense qu'il finira par produire des agues et des fièvres ; et je crains que le cidre fabriqué selon la recette précédente n'ait un effet similaire, mais à un degré moindre.

Je recommanderais, après avoir porté toute l'attention voulue à la propreté du moulin à pommes, de l'auge, du pressoir et des tonneaux, de trier les pommes et, après les avoir exposées à l'air, sous un toit ou un hangar pendant quelque temps, de ne choisir que les pommes saines, de les broyer finement et de les laisser tremper dans la pierre ponce pendant douze heures, puis de les presser, à travers un fromage de paille de seigle propre (le plus commun et le plus commode dans le pays), et lorsqu'il s'écoule de la presse, il faut prévoir un récipient dont le fond est rempli de trous de vannage, à la manière d'une énigme, sur lequel on pose un tissu grossier, puis une couche de sable propre, par-dessus laquelle on dispose une parcelle de paille de seigle grossière, et on laisse filtrer le tout à travers ce récipient dans la grande cuve de réception ; la paille de seigle interceptera les morceaux de pierre ponce les plus grossiers, et peut être changée fréquemment - Cette méthode débarrassera la liqueur de tous les morceaux de pierre ponce les plus grossiers - ensuite, je recommanderais que le cidre soit placé dans des tonneaux ouverts, tels que ceux utilisés pour le broyage du grain dans les distilleries ; Ceux-ci étant élevés à environ deux pieds et demi de haut sur des rondins ou un échafaudage, sous une ombre ou une couverture - un trou de spile percé près du fond de chacun, de façon à permettre à un baril de se tenir sous le spile - dans cet état, je recommanderais de le laisser reposer jusqu'à ce qu'il subisse une fermentation, en surveillant soigneusement le dessus, et, lorsque la pierre ponce est remontée, de l'écumer soigneusement, puis, après avoir prévu des barils doux, de le tirer par le trou du spile, en ajoutant une pinte à une pinte d'eau-de-vie de pomme à chaque baril de cidre fort, de le boucher hermétiquement et de le stocker là où le gel ne l'endommagera pas. De cette façon, je présume qu'il se conservera bien et, si la partie est ainsi disposée, je recommanderais que toute mise en bouteille soit faite en avril, et par temps clair, bien qu'il soit sécuritaire de mettre en bouteille immédiatement après avoir subi une fermentation complète.

Le ticket de caisse suivant permet de faire un excellent vin américain,

a été communiqué à la Société de Burlington pour la promotion des manufactures domestiques, par Joseph Cooper, Esq. du comté de Gloucester, état du New Jersey, et dont la publication a été ordonnée ; ce qui, en raison de son extrême simplicité, et de son économie, montrant la commodité avec laquelle une boisson très agréable et très saine, peut être conservée par chaque famille dans notre pays, est publié dans cet ouvrage. Et de plus, comme il peut avoir, dans une certaine mesure, les effets heureux de corriger les effets néfastes et pernicieux du café, qui est si communément utilisé pour le petit déjeuner dans notre état à l'heure actuelle.

Le café, lorsqu'il a été introduit pour la première fois, n'était utilisé que comme médicament, et n'était donné que dans un état bien clarifié, et avec parcimonie - à la fois pour son effet apaisant et agréable, il est devenu commun, et maintenant c'est presque la seule boisson utilisée au petit déjeuner par les fermiers de Pennsylvanie, et en effet, les gens supposent que le repas du matin n'est pas élégant, à moins que la planche ne soit décorée avec cette boisson étrangère. Si elle était utilisée dans un état modérément fort et bien clarifié, elle serait moins nuisible, mais elle est trop souvent déposée dans un état non descriptif, difficile à nommer, mélangée avec le sol, et si loin d'être claire, qu'elle a droit à l'épithète de boueuse, et édulcorée avec du mauvais sucre, portant avec elle à la famille simplement ignorante, l'utilisant dans cet état, la cause dans une grande mesure de la destruction du tonus de l'estomac, le surcharger, et par et par, l'introduction d'une sorte d'agonie muette, ou de frisson, suivie d'une fièvre, et créant souvent des fièvres intermittentes et rémittentes - conséquences résultant de l'utilisation libre de mauvaises provisions - lesquelles maladies sont souvent entretenues par l'utilisation de ce café infâmement préparé, car quand les gens de la campagne tombent malades, le café est trop fréquemment utilisé comme seul régime.

Il est particulièrement préjudiciable aux habitudes bilieuses : il aigrit l'estomac, devient acide, crée de l'acidité et empêche les réserves juteuses glandulaires de produire la fermentation habituelle des aliments dans l'estomac ; il rend le chyle vicié, qui dans sa voie habituelle, transmet des intestins, la nourriture au sang. C'est ainsi que, par ce véhicule actif, le chyle transmet ses propriétés néfastes au sang, le rendant fébrile, décoloré et, à la longue, souvent aussi difficile à nommer dans son état frelaté que la composition qui lui a donné naissance. N'avions-nous pas de très nombreux exemples de maladies nouvelles, que les plus éminents membres de la faculté de médecine peuvent difficilement nommer ou traiter avec jugement, sans avoir d'abord fait de nombreux essais et expériences fatales à la vie de centaines de personnes, qui augmentent à chaque saison, et tout cela depuis l'adoption du café. (Il est vrai que le libre usage des spiritueux ardents et d'autres produits de luxe agit sur les effets de l'indolence - des habitudes produites par la richesse et l'indépendance de nos agriculteurs et de nos commerçants, et qui découlent de l'imitation des gens élevés, des nantis de la société, des personnes nées de la fortune et des professionnels qui réussissent ;) on pourrait douter de la pertinence d'attribuer au café un grand nombre de ces nouvelles plaintes... mais nous devons les attribuer à un usage trop abondant de mauvaises provisions et à une complaisance envers les mauvaises habitudes. Et comme le café mal fait est parmi les aliments les plus pernicieux, surtout lorsqu'il est pris le matin à jeun, et qu'il est fait de café très vert, (redoutable et toxique lorsqu'on l'utilise trop souvent avant qu'il n'ait pris de l'âge et une couleur plus blanche), il peut être condamné avec plus de justesse. Et tandis que cette boisson est condamnée et si fortement désapprouvée, il est bon que nous puissions inventer une boisson légère, pure, active et saine, à prendre librement, entre ou pendant les repas, calculée dans sa nature pour corriger dans une certaine mesure, les effets malheureux des mauvaises dispositions - c'est pourquoi je mentionne l'eau de mer.

Reçu pour la fabrication de vin de miel.

Je mets une quantité du rayon dont le miel a été égoutté, dans un baquet, auquel j'ajoute un baril de cidre, immédiatement sorti du pressoir ; ce mélange est bien remué, et on le laisse tremper pendant une nuit. On l'a ensuite filtré avant qu'une fermentation ne se produise, et on a ajouté du miel jusqu'à ce que le poids de la liqueur soit suffisant pour porter un œuf. On la mettait alors dans un tonneau, et après le début de la fermentation, on remplissait le tonneau tous les jours pendant trois ou quatre jours, avec de l'eau, afin que la crasse puisse sortir par le trou de bonde. Au bout de cinq ou six semaines, la liqueur a été soutirée dans une cuve, et le blanc de huit œufs bien battus, avec une pinte de sable propre, y ont été ajoutés. J'ai ensuite ajouté un gallon d'alcool de cidre, et après avoir bien mélangé le tout, j'ai remis le tout dans le tonneau, qui a été bien nettoyé, bouché hermétiquement et placé dans une position appropriée pour le soutirer lorsqu'il sera fin. Au mois d'avril suivant, je l'ai tiré pour l'utiliser et je l'ai trouvé égal, à mon avis, à presque tous les vins étrangers - de l'avis de nombreux bons juges, il était supérieur.

Ce succès m'a incité à répéter les expériences pendant trois ans, et je suis persuadé qu'en utilisant le miel propre, au lieu du rayon, comme décrit ci-dessus ; une telle amélioration pourrait être faite qui permettrait aux citoyens des Etats-Unis, de se fournir avec un vin vraiment fédéral et sain, qui ne coûterait pas plus de vingt cents par gallon, si tous les ingrédients étaient achetés au prix du marché, et aurait l'avantage particulier sur tous les autres vins, jusqu'ici essayés dans ce pays, qu'il contient aucun mélange étranger quelconque, mais est fait à partir des

ingrédients produits sur nos propres fermes.
[*Columbian Magazine, novembre* 1790.

Sans aucun doute, le vin ci-dessus sera trouvé fort, et s'il n'est pas bien clarifié, ou plutôt collé, il peut être lourd. Il sera donc excellent lorsqu'il sera dilué librement avec de l'eau, et lorsqu'il sera sur le point d'être bu, les deux tiers de l'eau seront nécessaires, et ce sera une amélioration.

La mise en bouteille de ce vin en avril le rendra certainement plus excellent, et je pense qu'il faut le boire mélangé à de l'eau par temps chaud et entre les repas, car à l'état pur il peut être lourd. Le gentleman qui a fait les expériences précédentes l'a tiré en fûts, ce qui, nous le supposons, a été fait pour éviter qu'il ne tourne, car le cidre souffre et devient dur après avoir été mis en fûts, alors que lorsqu'il était plein, il restait sain. Toutes les liqueurs viniques américaines sont susceptibles de tourner, car nous comprenons ou pratiquons rarement le mode de fabrication approprié.

Un nettoyage et une fermentation complets sont absolument nécessaires, et une fois fermenté, il doit être bien collé, puis tiré dans de bons fûts ou embouteillé - l'embouteillage est certainement le plus efficace, et si un fermier se procure trois douzaines de bouteilles noires, avec trois fûts de sept gallons et demi chacun, il pourra tenir le baril - les fûts bien bouchés conserveront le vin sain, et quand un fût est percé, il doit être immédiatement tiré et embouteillé. Les bouteilles, une fois vidées, doivent être rincées et placées dans un placard aéré pour s'égoutter.

Pour faire du vin de sureau.

L'éditeur est heureux de présenter les recettes suivantes qui, il en est sûr, sont à peine connues en Amérique. Les grandes quantités de baies de sureau, qui sont gaspillées chaque année, pourraient, avec très peu de difficultés, être transformées en un des vins les plus sains et les plus agréables jamais introduits en Amérique.

A chaque deux quarts de baies, ajoutez un gallon d'eau, faites-la bouillir une demi-heure, puis filtrez-la, et ajoutez à chaque gallon de liqueur, deux livres et demie de sucre, puis faites bouillir le tout ensemble pendant une demi-heure, et écumez bien ; lorsqu'elle est refroidie (pas froide), mettez-y un morceau de pain grillé, tartiné de levure de bière, pour fermenter. Lorsque vous mettez cette liqueur dans le tonneau, ce qui doit être fait le lendemain, ajoutez à chaque gallon de liqueur, une livre de raisins secs, hachés, et remuez le tout dans le tonneau, une fois par jour, pendant une semaine, puis fermez-le. Il ne sera pas bon à tirer avant le printemps suivant la fabrication, et plus il est vieux, mieux c'est.

Pour faire du vin de sureau, à boire, fait chaud, comme un cordial.

Des quantités égales de baies et d'eau bouillies ensemble, jusqu'à ce que les baies se brisent, puis passez la liqueur, et pour chaque gallon de celle-ci, mettez trois livres de sucre, et des épices, selon votre goût, faites bouillir le tout ensemble, laissez reposer jusqu'à ce qu'il devienne frais, (pas froid) ; puis mettez un morceau de pain grillé, tartiné de levure de bière, pour fermenter, et dans deux ou trois jours, il sera prêt à être mis dans le baril, puis fermez-le. Ce sera bon à boire à Noël, mais plus c'est vieux, mieux c'est.

SECTION XIII.

ARTICLE I.

Pour faire du malt de seigle pour la distillation.

Faites-le tremper vingt-quatre heures par temps chaud, quarante-huit heures par temps froid, et ainsi de suite selon que le temps est chaud ou froid ; égouttez l'eau, mettez-le dans votre malterie, sur une épaisseur de quinze pouces, pendant douze heures ; puis étendez-le sur la moitié de cette épaisseur, en l'arrosant en même temps ; après cela, il faut le retourner trois fois par jour avec soin, en l'arrosant comme précédemment. L'épaisseur du lit à ce stade doit dépendre du temps ; travaillez de cette façon jusqu'à ce que la pousse soit moitié moins longue que le grain, puis jetez-le sur votre plancher de flétrissage, flétrissez-le pendant quarante-huit heures, puis mettez-le sur votre four pour le sécher.

ART. II.

de brasser de la bière.

Comme ce qui suit est principalement destiné à l'usage des familles privées, il sera nécessaire de commencer par des indications sur la façon de choisir un bon malt ; pour cela, voir **SEC-TION IV; ART.V..**

Des vaisseaux de brassage.

Pour un cuivre qui contient 36 gallons, la cuve d'empâtage doit être au moins assez grande pour contenir six boisseaux de malt, et le cuivre de liqueur, et de la place pour l'empâter ou le remuer : Le fond, les refroidisseurs et les cuves de travail peuvent être adaptés à la commodité de la pièce plutôt qu'à une taille particulière ; car si un récipient n'est pas suffisant pour contenir votre liqueur, vous pouvez en prendre un second.

Nettoyage et adoucissement des fûts et des cuves de brassage.

Si un tonneau, une fois la bière bue, est bien bouché pour empêcher l'air d'y pénétrer et que la lie y reste jusqu'à ce que vous vouliez l'utiliser à nouveau, vous n'aurez qu'à bien l'ébouillanter et à prendre soin des arceaux avant de le remplir ; mais si l'air pénètre dans un tonneau vide et sale, il dégagera une mauvaise odeur au moment de l'ébouillantage. Une poignée de poivre meurtri, bouillie dans l'eau avec laquelle vous ébouillantez, enlèvera une petite odeur de moisi ; mais le moyen le plus sûr est de retirer le fond du tonneau, et de laisser le tonnelier le raser et le brûler un peu, puis de l'ébouillanter pour l'utiliser ; si vous n'avez pas la possibilité de faire venir un tonnelier au tonneau, prenez de la chaux en pierre, mettez-en environ trois livres dans un tonneau (et proportionnellement pour des vaisseaux plus petits ou plus grands) et mettez-y environ six gallons d'eau froide, bondez le tonneau et secouez-le pendant quelque temps, puis ébouillantez-le bien ; ou, à défaut de chaux, prenez un chiffon de lin, trempez-le dans de la soufre fondue, attachez une extrémité à la bonde, allumez l'autre et laissez-le pendre au tonneau. Vous devez lui donner un peu d'air, sinon il ne brûlera pas ; mais gardez autant de soufre que vous pouvez. Ébouillantez-le ensuite, et vous ne trouverez aucune mauvaise odeur.

Si vous avez de nouveaux fûts, avant de les remplir, creusez des endroits dans la terre et posez-les à la moitié de leur profondeur, les trous de bonde vers le bas, pendant une semaine ; après les avoir bien échaudés, vous pouvez vous risquer à les remplir.

Une autre façon de procéder, si vos vaisseaux de brassage sont teintés d'une mauvaise odeur, est de prendre de la chaux non éteinte et de l'eau, et avec un vieux balai, frotter le vaisseau pendant que l'eau siffle, avec la chaux ; Ensuite, enlevez toute cette chaux et cette eau, mettez de l'eau fraîche dans le récipient, jetez un peu de sel de baie ou de sel commun dans chacun d'eux, et laissez reposer un jour ou deux ; et quand vous voulez brasser, ébouillantez vos récipients, jetez-y un peu de poussière de malt ou de son ; et cela non seulement achèvera de les adoucir, mais les empêchera de couler.

Mais comme il est très difficile d'adoucir les récipients après les avoir négligés, vous devriez les nettoyer à fond après le brassage et, une fois par mois, remplir vos récipients d'eau claire et la laisser s'écouler deux ou trois jours plus tard.

d'écraser ou de ratisser vos alcools.

Supposons que vous preniez six boisseaux de malt et deux livres de houblon, et que vous vouliez en faire un tonneau de bière forte et deux tonneaux de bière légère.

Chauffez votre premier cuivre de liqueur à empâter, et répandez dessus une double poignée de son ou de malt ; vous verrez ainsi quand il commencera à bouillir ; car il se brisera et se recourbera, et alors il est bon de le laisser tomber dans la cuve à empâter, où il doit rester jusqu'à ce que la vapeur soit entièrement dépensée, et que vous puissiez y voir votre visage, avant d'y mettre votre malt ; et alors vous commencez à empâter, en le remuant tout le temps que vous y mettez le malt : Mais gardez environ un demi-boisseau sec, que vous devez répandre sur le reste, lorsque vous avez fini de le remuer, c'est-à-dire dès que vous l'avez bien mélangé à la liqueur et que vous l'avez empêché de s'agglomérer.

Après avoir déposé le malt sec, couvrez votre cuve de moût avec des chiffons, pour éviter de perdre l'alcool du malt, et laissez-la ainsi pendant deux heures. Pendant ce temps, faites chauffer un autre cuivre de liqueur et, à la fin des deux heures, commencez à faire couler votre premier moût dans le fond. Recevez un seau plein du premier écoulement, et jetez-le à nouveau sur le malt. Vous constaterez que le malt a aspiré la moitié de votre premier cuivre de liqueur ; et par conséquent, afin d'augmenter votre quantité de moût pour votre bière forte, vous devez graduellement vider le second cuivre, et jeter bol après bol sur le malt, en lui donnant le temps de s'imbiber, et en le faisant couler par un courant facile, jusqu'à ce que vous perceviez que vous avez environ quarante gallons, qui en bouillant et en travaillant seront réduits à trente-six.

Si vous ajoutez environ une demi-livre de houblon à l'arrière de la bouteille (pendant que vous la lâchez), cela l'empêchera de rougir, de devenir aigre ou rugueux.

Votre premier moût s'étant écoulé, vous devez assouplir le robinet de la cuve à moût et prendre

155

un cuivre de liqueur chaude pour votre second empâtage, en remuant le malt comme vous l'avez fait la première fois, puis en le couvrant pendant deux heures de plus. Pendant ce temps, remplissez votre cuivre avec le premier moût, et faites-le bouillir avec le reste des deux livres de houblon, pendant une heure et demie, puis mettez-le dans les refroidisseurs.

Faites en sorte de recevoir le houblon dans un tamis, un panier, ou un sac en laine fine qui soit doux et propre ; puis remplissez immédiatement votre cuivre avec de la liqueur froide, renouvelez votre feu sous celui-ci, et commencez à laisser s'écouler votre second moût, jetez une poignée de houblon dans le fond, pour la même raison que précédemment : Vous devrez verser quelques bols pleins de liqueur sur le malt pour remplir le cuivre de second moût ; et quand vous en aurez assez, fermez le robinet et écrasez une troisième fois de la même manière, et couvrez-le bien pendant deux autres heures ; puis chargez votre cuivre avec le second moût, en le faisant bouillir pendant une heure avec le même houblon.

À ce moment-là, vous pouvez transférer votre premier moût des refroidisseurs dans une cuve de travail, pour faire de la place pour le deuxième moût qui doit entrer dans les refroidisseurs ; et ensuite, votre cuivre étant vide, vous pouvez chauffer autant de liqueur qu'il vous faudra pour laver le malt, ou, à ce moment-là, plutôt les grains, pour constituer votre troisième et dernier cuivre de moût, qui doit être embouteillé avec le même houblon encore une fois ; Ensuite, les refroidisseurs sont vidés du second moût pour faire place au troisième, et lorsque les deux sont suffisamment refroidis, on peut les réunir avant de les faire fonctionner.

Pendant le transfert de vos liqueurs hors du cuivre, il est important de veiller à ce qu'il ne soit pas endommagé par la combustion : vous devez toujours vous arranger pour que le feu soit bas, ou bien l'amortir au moment de la vidange, et être très rapide pour mettre de la liqueur fraîche.

de travailler l'alcool.

Pour cela, il faut tenir compte de l'eau : la liqueur se réchauffe naturellement en travaillant ; par conséquent, par temps doux, elle doit être froide avant d'être mise en marche, mais un peu chaude par temps froid. La façon de procéder est de mettre un peu de bonne levure douce dans un bol à main ou un cochon, avec un peu de moût chaud ; puis de mettre le bol à main à nager sur le moût dans la cuve de travail, et en peu de temps, elle va se retirer, et se mélanger tranquillement avec le moût, et quand vous constatez que la levure s'est emparée du moût, vous devez la surveiller fréquemment ; Si vous constatez que le moût commence à chauffer et à fermenter trop rapidement, mettez-en une partie dans un autre bac et, lorsqu'il est devenu froid, remettez-le dans le bac. Si vous réservez une partie du moût brut, vous pouvez le contrôler tranquillement en le remuant avec un bol à main. Plus vous travaillez votre liqueur froidement, mieux c'est, à condition qu'elle se travaille bien.

Si vous le vérifiez trop, vous pouvez en accélérer le fonctionnement en remplissant une bouteille en pierre d'un gallon avec de l'eau bouillante, en la bouchant et en la plaçant dans la cuve de travail.

Il existe diverses méthodes pour gérer les liqueurs pendant qu'elles fonctionnent : certains battent la levure de la bière forte et de l'ale, une fois toutes les deux ou trois heures, pendant deux ou trois jours consécutifs.

Ils considèrent que cela rend la boisson plus capiteuse, mais en même temps, cela la durcit de façon à ce qu'elle soit buvable en deux ou trois jours ; le dernier jour du brassage (en remuant la levure et la bière ensemble), la levure, en montant, s'épaissit ; alors ils enlèvent une partie de la levure, et battent le reste, ce qu'ils répètent aussi souvent qu'elle s'épaissit ;

et quand elle a fini de fonctionner, ils l'accordent, de façon à ce qu'elle puisse juste sortir du tonneau.

D'autres encore ne le battent pas du tout, mais laissent leur boisson forte travailler environ deux jours, ou jusqu'à ce qu'ils voient que le ferment est terminé ; puis ils enlèvent la levure supérieure, et soit par un robinet près du fond, ils la laissent sine, soit ils la lavent doucement, pour laisser le sédiment et la levure au fond.

Cette méthode convient à la liqueur qui doit être bue rapidement ; mais si elle doit être conservée, elle aura besoin de se nourrir de sédiments et risque de se périmer, à moins que vous ne fabriquiez des lies artificielles : Vous pouvez faire cela avec une pinte d'eau-de-vie et autant de farine de blé qu'il en faut pour faire de la pâte ; mettez-les en morceaux dans la bonde dès qu'elle a fini de fonctionner. Ou bien, prenez une livre de poudre de coquilles d'huîtres et mélangez-la avec une livre de mélasse ou de miel, et mettez-la dans la bonde dès qu'elle est prête.

Cela ajouterait à la qualité, ainsi qu'au goût de votre liqueur de malt, si vous preniez deux quarts de blé, et que vous les rendiez très secs et croustillants dans un four, ou devant le feu, et que vous les fassiez bouillir dans votre premier cuivre de moût. Ils filtreraient avec votre houblon, et pourraient être mis avec eux dans le second cuivre.

Du collage des liqueurs de malt.

Il est très souhaitable que la bière se bonifie d'elle-même, ce qu'elle fait rarement en temps voulu, si elle est correctement brassée et travaillée ; mais comme il arrive parfois d'être déçu, il est nécessaire de savoir ce qu'il faut faire dans de tels cas.

Les copeaux d'ivoire que l'on fait bouillir dans le moût ou les copeaux de cormoran que l'on met dans le tonneau juste avant de le boucher, contribueront grandement au collage et empêcheront la liqueur de s'éventer.

L'ichtyocolle est l'objet le plus communément employé pour le collage de toutes sortes de liqueurs ; on le bat d'abord bien avec un marteau ou un maillet, et on le met dans un seau, puis on prélève environ deux gallons de la liqueur à coller dessus, et on le laisse tremper deux ou trois jours ; et quand il est assez mou pour être mélangé à la liqueur, on prend un fouet, et on le remue jusqu'à ce qu'il soit tout fermenté, et qu'il y ait de la mousse blanche ; Ils ajoutent fréquemment les blancs et les coquilles d'une douzaine d'oeufs, qu'ils battent avec, et mettent le tout dans le tonneau ; puis avec un balai à franges propre, ou quelque chose de semblable, ils remuent le tout ; puis ils étendent un linge ou un morceau de papier sur le trou de bonde, jusqu'à ce que le ferment soit terminé ; puis ils le bouchent hermétiquement, en quelques jours il tombera bien.

Mais si vous voulez n'en affiner qu'une petite quantité, prenez une demi-once de chaux non éteinte, mettez-la dans une pinte d'eau, mélangez bien le tout, et laissez reposer pendant deux ou trois heures, ou jusqu'à ce que la chaux se dépose au fond ; puis versez l'eau claire, et jetez le sédiment ; prenez alors une demi-once d'ichtyocolle coupée en petits morceaux, et faites-la bouillir dans l'eau de chaux jusqu'à ce qu'elle se dissolve ; puis laissez-la refroidir, et versez-la dans le récipient, &c.

de la saison pour le brassage.

La saison pour brasser la bière de garde est certainement la meilleure avant Noël, car alors votre malt est parfait, n'ayant pas eu le temps de contracter une odeur de moisi, de la poussière ou des weavels (un insecte qui mange le cœur du malt) et les eaux sont alors rarement mélangées à de la neige ; et alors quatre livres de houblon iront aussi loin que cinq au printemps de l'année : Car vous devez augmenter la quantité de houblon à mesure que vous vous rapprochez de l'été. Mais, en résumé, choisissez un temps modéré autant que possible pour le brassage, et si vous avez en plus une bonne cave pour conserver votre alcool, qui ne sera pas trop affectée par les extrêmes de chaleur ou de froid, vous pouvez raisonnablement vous attendre à une grande satisfaction dans votre brasserie.

Évitez autant que possible de brasser par temps chaud ; mais si vous êtes obligé de brasser, ne faites pas plus que ce que vous buvez actuellement, car cela ne se conservera pas.

Pour faire de la bière de sureau ou de l'Ebulum.

Prenez un tonneau de premier moût fort, et faites bouillir dans le même tonneau un boisseau de baies de sureau cueillies, bien mûres ; passez-le, et quand il est froid, travaillez la liqueur dans le tonneau, et non dans une cuve ou un baquet ouvert ; et après qu'il ait reposé dans le tonneau pendant environ un an, mettez-le en bouteille ; et ce sera une bonne boisson riche, qu'ils appellent ebulum ; et elle a souvent été préférée au portwine, pour son goût agréable, et sa qualité saine.

N. B. Il n'y a aucune raison d'utiliser du sucre dans cette opération, car le moût a suffisamment de force et de douceur en lui-même pour répondre à cette fin ; mais il faut ajouter une infusion de houblon à la liqueur, pour la conserver et la savourer.

Certains accrochent également un petit sac d'épices meurtries dans le récipient.

Pour faire du Purl amélioré et excellent et sain.

Prenez deux douzaines d'absinthe romaine, six livres de racine de gentiane ; deux livres d'aromates de calamus (ou racine de drapeau doux) ; une livre ou deux de racine de galène ; une botte de radis sauvage ; des écorces d'orange séchées et des baies de genévrier, chacune deux livres ; des graines ou des noyaux d'oranges de Séville nettoyés et séchés, deux livres.

Ceux-ci étant coupés et meurtris, mettez-les dans un tonneau propre, et commencez votre bière brune douce, ou pâle sur eux, de façon à remplir le vaisseau, vers le début de novembre, et laissez-le reposer jusqu'à la saison suivante ; et faites-le ainsi annuellement.

Pour brasser une bière forte.

Pour un tonneau de bière, prenez deux boisseaux de blé qui viennent d'être concassés au moulin, et une partie de la farine qui en a été séparée par un tamis ; lorsque votre eau est brûlante, mettez-la dans votre cuve à purée, et laissez-la reposer jusqu'à ce que vous puissiez y voir votre visage ; mettez ensuite votre malt dessus, sans le remuer ; laissez reposer deux heures et demie ; puis faites couler le tout dans une cuve contenant deux livres de houblon et une poignée de fleurs de romarin ; Quand tout est coulé, mettez-le dans le cuivre et faites-le bouillir pendant deux heures ; puis passez-le, en le refroidissant très mince et en le travaillant très frais ; éclaircissez-le très bien avant de le travailler ; mettez-y un peu de levure ; quand la levure commence à tomber, mettez-le dans votre récipient, mettez-y une pinte de grains entiers et six oeufs, puis arrêtez-le ; laissez-le reposer un an et mettez-le en bouteille.

Une bonne bière de table peut être faite en empâtant à nouveau, après que la précédente ait été soutirée ; puis laissez reposer deux heures, et laissez ce flux, et empâtez à nouveau, et remuez comme précédemment ; assurez-vous de bien couvrir votre cuve d'empâtage ; mélangez le premier et le second flux ensemble.

Pour faire la China Ale.

Pour six gallons de bière, prenez un quart de livre ou plus de racine de Chine, finement tranchée, et un quart de livre de graines de coriandre, broyées - suspendez-les dans un tiffany, ou un sac de lin grossier, dans le récipient, jusqu'à ce qu'il ait fonctionné ; et laissez-le reposer quatorze jours avant de le mettre en bouteille.

Pour faire de la bière, ou toute autre liqueur, qui est trop nouvelle, ou sucrée, une boisson éventée.

Pour faire cela à l'avantage de la santé, mettez à chaque quart de bière, ou autre liqueur, 10 ou 12 gouttes du véritable esprit de sel, et laissez-les bien mélangés ensemble, ce qu'ils feront bientôt par les esprits subtils pénétrant dans toutes les parties, et ayant l'effet approprié.

Pour récupérer la bière aigre.

Grattez de la craie fine une livre, ou plus selon la quantité de liqueur ; mettez-la dans un sac fin dans la bière.

Pour récupérer la liqueur qui est devenue mauvaise.

Si une liqueur est piquée ou décolorée, mettez-y un peu de sirop d'argile, et laissez-la fermenter avec un peu de barm, ce qui la rétablira ; et quand elle est bien fixée, mettez-la en bouteille, mettez-y un clou de girofle ou deux, avec un morceau de sucre en pain.

Instructions pour la mise en bouteille.

Vous devez avoir des bouchons fermes, bouillis dans du moût ou de la bière ; remplissez-les à un pouce de la portée du bouchon et enfoncez-le avec un maillet ; ensuite, avec un petit fil de laiton, liez le goulot de la bouteille, remontez les extrémités et tordez-les avec une paire de pinces.

Pour faire un quart de tonneau de bière, et un tonneau de bière, de malt cuit.

Prenez cinq grèves de malt pas trop petit ; mettez-y un peu d'eau bouillante, pour couvrir le fond de votre cuve d'empâtage avant d'y mettre votre malt ; écrasez-le avec plus d'eau bouillante, en y mettant votre malt à plusieurs reprises, afin d'être sûr qu'il soit tout mouillé de la même façon ; Couvrez-le d'une pincée de son de blé, puis laissez-le reposer ainsi purifié pendant quatre heures, puis soutirez trois gallons de moût, et versez-le sur celui que vous avez purifié, laissez-le reposer une demi-heure de plus, jusqu'à ce qu'il coule clair, puis soutirez tout ce qui coule, et prenez deux quarts de celui-ci pour commencer à travailler avec le barm, qui doit être d'environ une pinte et demie - introduisez les deux quarts de moût à trois reprises dans le barm ; vous n'avez pas besoin de le remuer avant de commencer à introduire le moût bouilli.

166

Vous n'en aurez pas assez pour remplir votre récipient au début ; c'est pourquoi vous devez verser plus d'eau bouillante, immédiatement après que l'autre a fini de couler, jusqu'à ce que vous en ayez assez pour remplir un quart de tonneau, et ensuite verser de l'eau pour un tonneau de bière.

Dès que le moût de bière s'est écoulé, mettez-en un tiers dans la chaudière ; lorsqu'il bout, enlevez l'écume, que vous pouvez mettre sur les grains pour la petite bière ; lorsqu'il est écumé, mettez une livre et demie de houblon, après avoir d'abord tamisé les graines, ensuite, mettez tout le moût, et laissez-le bouillir pendant deux heures et demie, puis passez-le dans deux refroidisseurs, et laissez-le refroidir et se décanter, puis mettez-le à refroidir un peu à la fois, à la barre, et deux quarts de moût, et battez-le bien ensemble : chaque fois que vous mettez le moût, assurez-vous d'éviter la décantation.

Si vous brassez tôt le jeudi matin, vous pouvez l'accorder à 9 ou 10 heures le samedi matin.

Ne remplissez pas tout à fait votre vaisseau, mais gardez environ trois gallons pour y mettre, quand il aura fonctionné 24 heures, ce qui le fera fonctionner à nouveau.

Dès qu'il a fini de fonctionner, arrêtez-le , mettez la boisson aussi fraîche que possible ensemble ; ainsi il fonctionnera bien.

Pour faire de la bière de mélasse.

Faites bouillir deux quarts d'eau, mettez-y une livre de mélasse ou de mélasse, mélangez-les jusqu'à ce qu'ils soient bien mélangés ; puis mettez-y six ou huit quarts d'eau froide, et environ une tasse à thé pleine de levure ou de barman, mettez le tout dans un tonneau ou une cruche propre, couvrez-le d'un tissu grossier, deux ou trois fois double, il sera bon à boire en deux ou trois jours.

La deuxième et troisième fois de fabrication, le fond de la première bière fera l'affaire à la place de la levure.

Si vous en faites une grande quantité, ou si vous avez l'intention de le conserver, vous devez mettre une poignée de houblon et une autre de malt, pour qu'il se nourrisse, et lorsque vous avez fini de travailler, arrêtez-le de près.

La méthode ci-dessus est la meilleure et la moins chère pour faire de la bière de mélasse, bien que certaines personnes ajoutent des raisins secs, du son, de l'absinthe, des épices, des fruits, etc. de saison, mais c'est comme vous voulez.

En effet, de nombreuses boissons agréables, bon marché et saines peuvent être fabriquées à partir de fruits, etc. s'ils sont broyés et bouillis dans de l'eau, avant que la mélasse ne soit ajoutée.

Le plan de fabrication des vins, de l'hydromel et de la petite bière domestiques, une fois établi et compris dans une famille, devient facile - il est considéré comme un devoir - et les femmes se préparent aussi régulièrement à les renouveler que pour faire la cuisine ou toute autre activité commerciale. De nombreuses familles, qui disposent d'une abondance d'ingrédients et de moyens, ont rarement une boisson confortable sous leur toit, ce qui est attribuable à l'indolence, à la stupidité et au manque de connaissances... Un peu de planification et de système bien conçu, avec un peu plus de travail que d'habitude, par la ménagère intelligente, fera régner le confort et l'abondance dans toute la famille, et constituera un bel et salutaire exemple pour la société. En outre, le plaisir qu'une dame éprouve à présenter un verre de bon vin, dans un verre propre, à ses visiteurs bienvenus, compensera toujours amplement la peine qu'elle s'est donnée pour le fabriquer et le préparer ; mais lorsque l'homme plus intelligent lui fait un beau compliment, bien mérité, sur la propreté et la qualité de sa cuisine, elle tire le bonheur de son industrie et un degré de plaisir proche de l'exquis. Elle peut être considérée comme une personne "qui a utilisé ses facultés actives pour le bien de sa famille et de la société, et qui mérite non seulement la faveur de la société, mais aussi celle du ciel, pour l'exercice judicieux et libéral de l'esprit, cet intellect divin, qui est l'un des plus beaux dons du généreux créateur des mondes". Mais de celle qui reste assise et inactive, et qui n'exerce pas ces pouvoirs intellectuels, on peut dire qu'"elle a l'âme égarée" et qu'"elle a enterré son talent". Elle ne mérite ni l'attention de la société, ni l'amour reconnaissant de son mari et de sa famille, et elle s'en remet à la miséricorde de son Dieu pour le pardon de ses nombreuses omissions, en s'abstenant d'exercer ses facultés actives - en supposant que l'être ou l'individu, qui est capable de négliger un devoir, est capable de tout négliger - et même si l'on peut conserver une petite apparence, la condamnation est éternellement dans l'œil du grand juge et ne peut être éludée.

Ainsi donc les lois de la société, de la morale et de la religion, qui exigent l'exercice actif de notre personne et de nos facultés, offrent les récompenses les plus belles et les plus inductrices, que les mots de notre langue sont capables de décrire, dans la santé que procure l'exercice ; l'exemple, dont la société profite ; le plaisir tiré de l'approbation de nos voisins, et la conscience d'avoir accompli nos devoirs ici, et de vivre par l'exercice d'un système d'économie approprié, dans un état constant d'indépendance, toujours en possession des moyens d'alléger la condition des indigents et des malheureux de la société et de soulager les besoins de nos amis, et surtout, l'espoir d'un bonheur éternel dans l'approbation du ciel de l'au-delà.

Si l'on ne peut en obtenir aucun qui soit bon, voici un reçu pour le faire, à savoir.

Procurez-vous trois récipients en bois de tailles et d'ouvertures différentes, l'un pouvant contenir deux pintes, l'autre trois ou quatre, et le troisième cinq ou six ; faites bouillir un quart de peck de malt pendant environ huit ou dix minutes dans trois pintes d'eau ; et lorsqu'une pinte est versée des grains, laissez-la reposer dans un endroit frais jusqu'à ce qu'elle ne soit pas tout à fait froide, mais en conservant le degré de chaleur que les brasseurs trouvent habituellement approprié lorsqu'ils commencent à travailler leur liqueur. Retirez ensuite le récipient dans un endroit chaud près d'un feu, où le thermomètre se situe entre 70 et 80 degrés (Fahrenheit), et laissez-le jusqu'à ce que la fermentation commence, ce qui sera clairement perceptible dans les trente heures ; ajoutez ensuite deux quarts de plus d'une décoction de malt similaire, lorsqu'elle est froide, comme la première ; et mélangez le tout dans le récipient de plus grande taille, et remuez-le bien, ce qui doit être répété de la manière habituelle, comme cela se produit dans une cuve commune : ajoutez ensuite une quantité encore plus grande de la même décoction, à travailler dans le plus grand récipient, ce qui produira assez de levure pour un brassage de quarante gallons.

FINIS